학교에는
작업치료가
필요합니다

학교에는 작업치료가 필요합니다

초판 1쇄 발행 2023년 10월 13일

지은이 / 나카마 치호
옮긴이 / 지석연

발행 / 케렌시아
인쇄 / (주)다해씨앤피
일원화 구입처 / 031-407-6368 (주)태양서적
등록 / 2021년 11월 18일 (제386-2021-000096호)
이메일 / niceheo76@gmail.com

ISBN 979-11-976811-8-9 (03370)

값은 표지에 있습니다.

GAKKO NI SAGYORYOHO O: "TODOKETAI KYOIKU" DE TSUNAGU GAKKO KATEI
CHIIKI by Chiho Nakama, Children's Center Yuimawaru
Copyright © Chiho Nakama, Children's Center Yuimawaru 2019
All rights reserved.
Original Japanese edition published by CREATES KAMOGAWA

This Korean language edition published by arrangement with CREATES KAMOGAWA, Tokyo
in care of Tuttle-Mori Agency, Inc., Tokyo, through Amo Agency, Korea

나카마 치호 지음
지석연 옮김

문제행동의 해결이 아니라
아이가 할 수 있는 것
하기를 원하는 것에 초점을 맞춘
'도달하고 싶은 교육'

학교에는 작업치료가 필요합니다

케렌시아

작업치료사가 집필했고 작업치료를 주요 내용으로 한 책이지만, 이 책의 독자는 작업치료사보다는 불행하거나 외로운 학교생활을 하는 아동과 청소년이 조금 더 즐거운 학교생활을 하게 돕고 싶은 모든 이들이다. '장애인 등에 대한 특수교육법' 제22조에 의하면, 특수교육 관련 서비스 담당 인력이 특수교육대상학생의 개별화교육지원팀 구성원으로서 개별화교육계획의 작성에 참여하게 되어 있지만, 특수교육 관련 서비스 담당 인력 중 하나인 작업치료사가 개별화교육계획에 관여하는 일은 매우 드물다. 그 이유 중 하나는 작업치료에 대한 오해일 것이다. '학생을 알록달록한 기구로 가득한 특정 치료실로 오게 하여 정해진 과제를 중심으로 일대일 훈련을 하는 것'이 작업치료라고 생각하는 많은 이에게 이 책은 실제 교실 상황에서 작업치료사가 교사와 학생을 어떻게 지원할 수 있는지를 생생하고 구체적으로 보여준다. 우리나라의 현재 교육 체계를 고려할 때 작업치료사가 공식적으로 학교로 와서 학생을 지원하려면 많은 논의와 행정적 절차를 거쳐야 하겠지만, 이 책에 나오는 학생-교사-또래 학생들-부모-작업치료사 간의 아름다운 협력의 과정과 성과를 읽고 나면 조금 시간이 걸리고 힘이 들어도 이렇게 해보고 싶다는 생각이 들 것이다.

박지연, 이화여자대학교 특수교육과 교수

아이들은 누가 가르쳐 준 것도 아니지만 어릴 때부터 친구에게 관심을 보이고 같이 어울리고 싶어 하고 그를 통해 즐거움을 경험한다. 혼자 무엇인가 배워가는 과정도 즐거울 수 있지만, 또래 친구와 함께 배울 때 그 즐거움이 더 커지는 것을 경험한다. 유치원이나 학교는 또래 친구와 함께 하는 배움이 같이 있는 곳이니 아이들은 그 공간이 즐겁고, 그곳에 가는 것이 기대가 되어야 한다.

하지만 여러 이유로 어떨 때는 그 공간이 두렵고 부담스러우며 피하고 싶을 때도 있다. 이유 중 한 가지가 아동의 언어, 인지, 운동, 정서나 사회성 발달의 어려움인 경우도 있다. 그렇지만 실제 생활에서는 아동들은 이런 어려움을 자신이 직접 표현하기도 어려울뿐더러 주변 사람들이 발달의 어려움으로 인식하기 어려울 정도로 다양한 '문제행동'들로 표현되기도 한다. 아동들이 직접적으로 표현 못 하는 어려움을 누군가 사려 깊고 섬세하게 파악하여 감소시키도록 도울 수 있다면, 어려움이 있는 아동들도 어려움이 별로 없는 아동들처럼 평범한 즐거움을 학교에서 경험할 수 있을 것이다.

작업치료의 영역을 학교로 확장하여 아동에게 자신을 알아주는 '누군가'의 역할을 하는 것은 아동 인생의 첫 장을 긍정적 경험으로 채워 줄 수 있는 참으로 의미 있는 일일 것이다. 일본의 사례이지만, 이 책의 경험을 밑거름으로 하여 국내에서도 학교 현장에서 아동들을 돕는 유용한 개입이 시도되기를 바라며, 작업치료와 일상생활 연계를 위해 긴 시간 열정적으로 매진해 오신 역자가 선도자가 되실 것을 기대한다.

정유숙, 성균관대 의대 삼성서울병원 정신건강의학과 교수

지금 한국의 학교는 사회 모두가 동의하는 공동체를 만드는 최후의 사회적, 물리적 공간이다. 같은 공간, 같은 시간을 함께 나누면서 함께 식사하고 함께 운동하고 함께 공부하면서 성장하고 발달하고 익숙해지는 곳이 학교이다. 그런데 이 공동체의 마지막 희망인 학생들이 소멸의 위기이다.

이 소멸의 위기는 학교의 담장을 허물고 학교의 경계를 넓히고 학교의 이야기를 여러 사람과 머리를 맞대고 고민해야 한다. 이 책은 바로 대나무 뿌리처럼 다양한 학생 하나하나를 새로운 죽순처럼 늘 새롭게 관찰하고, 분석하고, 방법을 찾는 사람들의 실천과 행동과 작업과 접근을 담고 있다. 아이에게 부는 바람이 바뀌면 교실의 바람이 변화하고 교실의 바람이 변화하면 학교에서 불어오는 바람이 달라지고 학교에서의 바람이 달라지면 마을을 누비는 바람들이 새로워지며, 마을을 휘몰아도는 바람이 새로우면 공동체 전체가 다시 자라날 수 있을 것이다. 이 책은 바로 그 바람들을 일으켜 온 사람들의 대화이며, 일기이며, 기록이다. 우리나라의 학교들이 다시금 아무렇게나 해도 너무나도 멋진 학생들로 다시금 울창해질 것이다.

김형수, 장애인학생지원네트워크 대표

장애가 있는 아들이 만 4세 때 이 책의 번역자인 지석연 작업치료사를 만났다. 아들의 특성과 주변 환경을 조정하는 과정을 통해 치료실뿐 아니라 놀이터나 가정, 학교로 아이의 활동 참여를 이어주면서 비로소 아이의 특성과 행동을 이해하며 우리 가족도 역동적이면서 평화로운 일상이 가능해졌다.

　이 책은 아이들의 기능적, 감각적 특성을 해석하고 환경 구성, 지원인의 교육 등을 작업치료사가 맡아 교사들과 협응을 통해 학교와 가정에서 건강한 활동 참여가 가능했던 사례를 소개한다. 또한, 모든 아이가 충분히 존중받고 교사는 아이를 지지하며 성장을 돕는 존재가 되는 학교로 바꾸어 낼 수 있는 희망의 지침서이기도 하다.

김수정, 서울장애인부모연대 회장

2018년 '학교에 작업치료를'이라는 제목으로 출간된 이 책은 제 아이가 어린이집과 초등학교 생활에서 겪은 어려움을 통해 학교의 교육환경을 바꾸고 싶다는 엄마로서의 강한 바람으로 시작되었습니다. 처음에는 아들이 다니는 지역의 교육을 바꾸는 것이 제 학교작업치료 활동의 목표였습니다. 하지만 이 학교작업치료가 오키나와의 모든 학교에 도움이 된다는 것을 알게 되었고, 지역 전체로 확대하고자 시행착오를 거듭하며 이 책을 집필하게 되었습니다.

놀랍게도 이 책은 일본 전역의 많은 사람의 손에 들어갔습니다. 2019년 초에 한국에서 개최한 협력세미나 강연[1]에 초대받았을 때 나는 이 모델이 한국의 문화와 교육환경에서 잘 작동할 수 있을지 걱정을 많이 하였습니다. 하지만 강연에서 본 큰 호응과 공감을 통해 제 걱정은 사라졌습니다. 이번에 한국어판이 출간되어 한국의 문화와 교육

---

1   2019년 1월 대한작업치료사협회에서 주최한 IPE/C(Interprofessional Education/Collaboration) 보건융합교육, 협업 국제 세미나_옮긴이

환경에 맞는 작업치료가 발전할 수 있기를 진심으로 바랍니다.

2018년 당시 제가 생각했던 학교-지역 연계는 어린이집에서 시작하였고, 2020년에는 하에바루 지역 전 유치원, 초 · 중 · 고교로 확대되었고, 지금은 공동육아를 비롯한 양육 현장에서 아이들이 더 좋은 환경에서 성장할 수 있도록 지원하고 있습니다.

최근 있었던 일 중에 여러분과 공유하고 싶은 것이 있습니다. 지역에서 학교작업치료를 활용하고 있는 하에바루 지역 교육장님과 대담을 하였는데, 이 대담을 통해 학교작업치료에 대한 교육장님의 뜨거운 열정과 기대, 그리고 현장의 현실을 직접 들을 수 있었습니다.

교육장님이 말씀하신 학교작업치료에 관한 4가지 포인트는 다음과 같습니다.

1. 작업치료사가 학교에 참여할 수 있었던 이유

학교작업치료의 도입 배경은 단순히 '작업치료'라는 이유가 먼저가 아닙니다. 교육 현장에서 작업치료를 실천했을 때 그 효과와 아이들에게 미치는 영향 그리고 지역사회와의 연계가 얼마나 강력한지를 알았기 때문에 도입할 수 있었다는 점입니다. 학교 현장 교사들의 목소리에서도 그 실천적 가치를 확인할 수 있었다고 합니다.

2. 작업치료로 사회에 연결하는 교육을 실현하는 점

교육장은 작업치료의 노력을 통해 교육의 '보이지 않는 가치'를 깨닫게 되었다고 말했습니다. 아이들이 사회에 단단히 뿌리내리고 살아갈 수 있는 힘 그리고 타인과의 관계 속에서 자신을 긍정적으로 바라볼 수 있는 힘. 이를 실현하기 위한 교육 방법으로서 작업치료의 유효성을 강하게 인식하고 있습니다.

3. 모두가 함께하는 학급 만들기 실현

학급운영은 보통 담임교사가 주도적으로 진행하지만, 실제로는 많은 교사가 그 과정에 참여하는 것이 이상적입니다. 작업치료의 도입으로 담임뿐만 아니라 다른 교사들도 함께 학급운영에 적극적으로 참여할 수 있게 되었다고 합니다.

4. 교사를 건강하게 만든다

교육 현장은 바쁜 일상과 아이들에 대한 책임감 그리고 교사 스스로의 부담감 등으로 정신적으로도 큰 부담을 느끼는 경우가 많습니다. 하지만 작업치료를 도입한 학급 운영을 통해 선생님들이 건강해지는 의외의 효과도 나타나고 있다고 합니다.

이상 네 가지를 깊이 들여다보면 학교작업치료가 가져다주는 효과는 헤아릴 수 없을 정도로 크다는 것을 알 수 있습니다. 교육장님의 이야기를 들으면서 저도 학교작업치료의 가능성과 필요성을 다시 한번 실감할 수 있었습니다.

이처럼 학교작업치료가 지역사회에서 이해받기 위해 중요한 것들에 대해 저는 나름의 관점을 가지고 있습니다. 제가 믿는 것 중 하나는 작업치료의 본질과 그 영향력은 실제 실천을 통해서만 온전히 전달될 수 있다는 것입니다. 이는 단순한 이론이나 방법론의 틀을 넘어선 깊은 이해의 필요성을 시사합니다.

작업치료사가 교사의 작업에 진지하게 임하는 태도는 그 진가를 발휘하는 순간입니다. 작업치료사는 교사의 문제행동 해결에 대한 기대치를 단순히 형식적인 측면뿐만 아니라 그 이면에 있는 작업의 깊은 의미까지 탐구하는 데 시간과 노력을 기울입니다. 이 탐구 과정은 교육에서 보이지 않는 가치와 그 본질을 드러내고, 교사가 진정으로 이루고자 하는 교육의 방향성을 명확히 합니다.

또한, 작업치료에서 가장 매력적인 기술은 아이의 능력뿐만 아니라 집단 내에서 아이의 존재감과 행동을 세밀하게 파악하는 '작업수행분석'과 '작업 스토리[2] 이해'입니다. 이 분석을 통해 아이의 행동을 단순한 '문제'가 아닌 그의 독특한 수행의 모습으로 받아들일 수 있게 됩니다. 또한, 작업치료사는 아이들 입장에서 그들의 의견과 감정을 대변할 수 있는 능력도 갖추고 있습니다. 이러한 태도는 선생님들이 더욱 즐겁게 학급을 운영할 수 있도록 돕는 귀중한 요소입니다.

그리고 작업치료사의 중요한 역할 중 하나는 아이들에 대한 기존의 라벨이나 문제의 이름을 없애고, 아이들을 '작업적 존재'로 새롭게 바라볼 수 있다는 점입니다. 이러한 관점의 전환은 교사들에게도 해방감을 가져다주며, 고민과 어려움을 극복하고 새로운 미래를 만들어가

---

2 '작업 내러티브'라고도 한다. 작업이란 개인에게 의미가 있는 활동이므로, 개인의 서사를 파악하는 것이 중요하다._옮긴이

는 즐거운 교육의 실천을 가능하게 합니다.

　이러한 점을 감안할 때, 학교작업치료는 단순한 기술이나 방법론을 넘어 깊은 이해와 공감을 가져다주는 것이라고 생각합니다. 앞으로도 이러한 노력을 더욱 심화시켜 많은 아이와 교사에게 학교가 더 좋은 곳이 될 수 있도록 노력하겠습니다.

　마지막으로, 이번 한국판 출판이 더 많은 작업치료사가 학교와 지역사회에 참여하는 가교가 되기를 바랍니다. 그리고 앞으로도 일본과 한국이 기술과 지식을 공유하고 서로 자극을 받으며 발전해 나가기를 간절히 희망합니다.

진심으로 감사드리며

2023년 8월 7일

나카마 치호

옮긴이의 글

　이 책은 일본의 작업치료사 나카마 치호 선생님이 학교에서 실천한 작업치료의 사례와 과정을 담은 책입니다. 저자와 저는 2018년 일본에서 학교작업치료에 대해 발표하는 자리에서 만났습니다. 저도 저자와 같은 작업치료사입니다. 저는 작업치료 전공 후, 대략 27년 전에 오키나와에 있는 노인전문기관에서 일 년간 활동을 하고 한국에 와서는 아이들의 발달지원을 위해 일하고 있어서, 일본 오키나와에서 아이들을 위해 학교에서 활약하는 저자의 책을 번역하는 데 인연과 공감과 책임감을 느낍니다.

　저자의 작업치료에 감탄하던 중, 2019년 1월 대한작업치료사협회에서 '보건융합교육, 협업 국제 세미나'를 통해 그녀를 초대하여 학교작업치료 실천을 소개하게 되었습니다. 그리고 그 세미나에 참여한 선생님들의 노력으로 제가 이 책의 번역에 참여하게 되었고, 번역을 하면서 우리나라에 필요한 작업치료에 대해 더 깊이 있게 고민하고 성찰하게 되었습니다.

작업치료가 무엇인지 모르는 분이 많을 겁니다. 사람은 일상의 생활과 사회 참여를 해야 건강합니다. 사람에게 일상과 사회에 참여하게 하는 활동을 '작업'이라고 합니다. 건강한 사람들은 대체로 '작업'을 갖는 데 어려움이 없지만, 장애가 있거나 약한 사람들은 작업을 갖기 위해 도움이 필요합니다. 그런 경우 일상에 건강한 작업을 갖도록 돕는 것이 작업치료가 하는 일입니다. 그래서 대체로 작업치료사들은 장애가 있는 사람들을 만납니다.

제가 작업치료를 전공으로 선택한 이유는 가족이 사고를 겪고 재활하는 과정을 경험하면서 장애가 있어도 삶이 이어지는 것이 얼마나 중요한지를 체험했기 때문입니다. 사고 이전으로 돌아갈 수 없는 삶을 맞이할 때, 이전으로 돌아가거나 정상이 되라는 요구는 삶을 더 불가능하게 했지만, 지금 하고 있는 것과 할 수 있을 활동을 참여하도록 다양한 방법을 함께 찾으니 가능한 생활과 작업을 가질 수 있었습니다.

번역을 하면서 지금까지 만난 아이들, 부모님들, 선생님들이 떠올랐고, 이입이 되었습니다. 아이들이 학교로 진학하는 과정을 경험하면서, 훌륭한 교사와 부모, 학교 관리자를 만나서 협업을 한 기억도 났습니다. 장애가 있는 학생을 지원하고자 방문한 교실과 학교에서는 '도움을 드리겠다'는 제 생각과 달리 실제로 그 학생에게, 반 학생들에게, 선생님들에게 힘이 있어서 제가 오히려 배우고 에너지를 얻은 적도 많았습니다. 특히, 처음에는 치료사와 부모의 관계로 만났으나, 이제는 학교 교육전문가로 협력하는 최은주 선생님의 교실을 방문했던 일 년간은 학교에서 작업치료사의 역할은 교사의 '협업자'라는 점을 배우게 했습니다. 보건에서도 분업과 업무분장이 효율적이라고 보는 시대가 있었지만, 최근의 국제보건은 협력과 공유가 필요하다고 강조합니다. 이 가치를 당연하게 받아들이는 데는 특히 학교 선생님들과 협력이 증거가 되었습니다. 외국에서는 건강한 학교를 위해 보건, 복지, 사회부처가 교육부처와 협업하는 제도를 갖추고 있습니다.

이 책은 일본의 오키나와 지방에서 학교지원 작업치료가 어떻게 시작되고 발전되어 왔는지, 작업치료사가 학교에서 어떤 역할과 기능을 수행하는지를 구체적이고 상세하게 설명합니다. 그리고 학교와 교육제도가, 교사와 학생이 교육의 본질을 회복하고 학생 참여의 주체가 되는 데 작업치료를 어떻게 활용하는지 보여줍니다. 작업치료사가 교실에서 학생들의 강점과 관심을 탐정처럼 찾을 수 있는 이유는 선생님이 수업을 진행하기 때문이며, 학교의 생활이 이어지기 때문입니다.

본문에는 '도달하고 싶은 교육'이라는 단어가 중요한 용어로 등장합니다. 학생의 학교에서 배워야 하는 교육의 실천 가능한 목표이며, 교사와 부모가 구체적으로 '기대를 담은 목표'라고도 할 수 있습니다. 학교에서 교사는 학생에게 기대하는 교육의 목표가 있습니다, 교사의 지원으로 학생이 그 목표에 이르는 힘을 갖게 하는 것을 교육의 본질이라고 보았고, 일본의 학교작업치료 실천과정에서 교사와 함께 학생의 성취와 적응을 담는 표현으로 협의한 용어입니다.

한국에서도 장애나 적응의 어려움으로 학교에서 조금 더 도움이나 지원이 필요한 학생들이 있습니다. 좋은 교사와 학교 관계자들의 노력으로 그 학생뿐 아니라 학급 전체 학생이 서로 배우고 성장하는 경우도 많습니다. 작업치료사로서의 관찰 결과와 견해를 교사에게 전하고 교사가 학생을 이해하는 순간, 교사들이 교육의 전문가로서 학생 중심으로 수업과 학생들의 관계를 향상하는 것을 목격하였습니다.

저는 또한 보건인인 작업치료사여서 외국의 건강보험, 교육제도, 보험사를 통해서도 작업치료를 할 수 있습니다. 선진국에서는 학교작업치료를 제도를 통해 진행할 수 있는데, 한국에서는 이를 자원봉사나 개인의 노력으로 진행하는 경우가 많고, 제도적으로 가능한 경우는 아주 소수인 상황입니다. 일본에서도 지역사회에서 노인 작업치료에 비해 학교지원 작업치료 제도는 부족한 상황이었지만, 오키나와 지자체와 저자 나카마 치호 선생의 노력과 하에바루 지역 학교와 교육기관의 협력으로 제도를 만들어가는 과정을 볼 수 있습니다. 번역하면서 개인적으로는 이 부분에 가장 감탄하였습니다.

우리나라 학교도 좋은 사례, 좋은 실천이 많습니다. 누구나 배움은 필수적이며, 누구나 학교생활을 할 권리가 있다는 가치를 중심으로 협력하는 노력도 많습니다. 이 노력이 제도로 마련되어야 합니다. 적어도, 어려움을 겪는 학생을 지원하는 데 교사가 활용 가능한 작업치료사나 언어치료사가 지금 현실에서 교사가 만나게 되는 경찰과 변호사보다 더 많아야 합니다.

저는 이 책을 번역하면서 나카마 치호 선생님의 열정과 전문성과 지혜에 감탄하였습니다. 그녀는 학교에서 작업치료를 실천하기 위해 많은 연구와 시행착오를 겪고, 그 과정에서 얻은 지식과 경험을 솔직하게 공유하였습니다. 이 책은 단순히 작업치료의 기술과 방법을 설명하는 것이 아니라, 작업치료의 철학과 가치를 담고 있습니다. 이 책을 작업치료사들이 읽는다면, 작업치료사의 전문성에 배움과 소통의 노력이 얼마나 중요한지 알 수 있다고 생각합니다.

이 책을 번역하면서 많은 도움을 받았습니다. 동료 작업치료사들이 내용을 여러 번 검토해 주셨고, 출판사인 케렌시아의 허병민 대표님은 보편적인 언어에 대한 이해와 전문가의 지식전달에 대해 소명과 자극을 주셨습니다. 작업치료사로서 매몰될 수 있는 용어의 틀을 깨고, 전문가의 언어가 더 쉬워져야 하고 더 대중적이어야 한다는 생각이 깊어집니다. 저자인 나카마 치호 선생님의 격려와 헌신에도 감사드립니다. 이 책이 학교에서 작업치료를 실천한 일본판이라면, 앞으로 한국판이 나오기를 기대합니다.

교사는 교육의 전문가입니다. 저는 그 현장을 목격했습니다. 단지, 학생들은 더 다양해지며, 모든 다양한 학생들의 교육을 위해서는 건강의 개념이 다양해질 수밖에 없어서 생활과 의사소통, 심신 건강에 대해 교육전문가로서 건강 전문가를 활용하는 것이 당연해지기를 바랍니다.

이 책을 번역하면서 많이 감동했고 배웠습니다. 그 감동과 배움이 한국의 독자들께도 전해지기를 바라는 마음이 가장 큽니다.

지석연 드림

프롤로그

"교사가 자신감을 가지고 교육할 수 있다면, 장애의 유무와 관계없이 모든 아이는 반드시 건강하게 자랄 수 있다."

내가 학교에 작업치료를 전하는 활동을 시작하던 2008년 당시 카에 초등학교 타이라 미즈에 교장 선생님이 해주신 말씀이다. 돌이켜보면 지난 10년은 내가 이 말의 의미를 학교 현장에서 계속 배워가는 나날이었다.

아이들의 장애나 진단적인 특성, 왕따나 부등교와 같은 사회문제, 가정과 연계의 어려움 등 다양한 과제에 부딪히는 교사들이 '자신감 있게 교육할 수 있다'라는 것은 어떤 의미일까? 하고 싶어도 잘할 수 없는 매일의 일상, 신체적, 정신적으로 힘든 상황에 내몰린 아이들이 '장애의 유무와 상관 없이 건강하게 자란다'라는 것은 어떤 의미일까?

이러한 질문에 교사와 학부모, 아이들과 함께 고민하고 고민한 끝에

도출한 하나의 방식이 '도달하고 싶은 교육'에 초점을 두어 학교가 주력할 수 있게 하는 것이다.

Part 1에서는 이 '도달하고 싶은 교육'을 교사, 학부모, 작업치료사가 팀을 이루어 함께 지향하는 과정에서 발견한 내용을 6명의 학생 사례를 통해 소개했다. 사례를 게재하는 것은 각 보호자의 허락을 받았다. 그분들의 이해와 협조에 감사드린다. 학생과 교사, 보호자와 함께 협력해서 실천하는 것은 내가 일하는 '유이마와루'의 학교작업치료에 있어 최고의 나침반이자 지침이다. 그리고 학교에 작업치료를 전달하는 활동에 대해서는 Part 2와 칼럼에 많은 분의 기고를 실어 학교작업치료에 대한 이해와 협력, 배움을 통해 학교에 기여할 수 있는 형태로 성장해간 과정을 소개했다.

학교 방문을 시작했을 때, 나는 작업치료사라는 '전문가'로서 기여해야 한다는 사명감 때문에 교사의 마음을 힘들게 했다. 전문가를 벗고 나면 무엇이 남을까? 그 해답도 '도달하고 싶은 교육'에 있었다고 생각한다. 전문가라는 굴레를 벗고 발견한 학교 현장에서 정말 중요한 것이 무엇인지에 대해 Part 3에 담았고, Part 4와 Part 5에서는 학생과 보호자, 교사의 협력적 관계를 구축하여 함께 목표 설정하기, 팀으로 이뤄낼 수 있는 정보 공유에 관해 이야기했다.

작업치료는 지역사회의 이해가 있어야만 가능하나 아직 사회적인 인지도가 낮아 작업치료를 전달하는 데 중요성도 느끼고 있다. Part 6에서는 이런 점에서 지역에서 활동하는 다양한 작업치료사들과 함께 지역사회에서 작업치료를 전달한다는 것이 어떤 의미인지 정리했고,

전달된 사회에서 기대되는 작업치료에 대해 실제로 움직이기 시작한 오키나와 지역 차원의 노력을 Part 7에서 설명했다.

　장애나 문제라고 느끼는 행동이 아니라 교사가 학생에게 '도달하고 싶은 교육'에 초점을 맞추다 보니, 그 영향은 학생 자신의 성장에 그치지 않고 사람과 사회(환경)가 계속 변화하는 과정으로 아이와 함께 살아가는 사회로 퍼져나갔다. 거기에는 장애라는 단어는 필요 없다는 것을 실감하게 되었다.

　'도달하고 싶은 교육'을 통해 학생과 관련된 모든 사람의 건강과 웰빙에 기여할 수 있도록 학교에 작업치료가 도입되기를 바란다.

　'장애라는 단어가 없는 학교를 만들고 싶다.'

　이 마음을 이 책에 담았다.

Part 1

아이들은 반드시
건강하게 자란다

Theme 1

다 함께 할 수 있는 것을 찾기

나카마 치호(유이마와루 대표, 작업치료사)

늘 실무사와 함께하는 나오토

나오토(가명, 5세)는 내가 처음 학교방문지원을 하며 만난 아이다. 나오토가 유치원에 입학한 해였다. 나오토는 어머니와 등원하고, 유치원에서는 실무사와 함께 아침 시간 도움을 받는다. 아침은 자유시간으로, 아이들은 즐겁게 마당에서 함께 놀고 있었다. 나오토는 작은 나뭇가지를 가지고 마당 주변의 담장을 탕탕 두드리며 걸어 다녔다.

아침 모임 시간에는 선생님이 아이들을 모아 이야기를 한다. 그 시간에 나오토는 교실을 빙글빙글 뛰어다녔다. 나오토가 곤란하지 않도록 항상 실무사가 옆에 있었고, 급식이나 어려운 시간은 실무사와 함께 보내고 있었다. 항상 옆에 있는 실무사는 그런 나오토에게 친구를 대신하는 셈이었다.

혹시 자폐증인가요? - 지원 방법을 알고 싶어 하는 교사

내가 방문한 것은 6월경이었다. 유치원에는 한 반만 있었고, 28명의 아이를 한 명의 담임교사와 한 명의 실무사 선생님이 담당하고 있었다. 나오토는 거의 말을 하지 않았다. 친구나 선생님이 말을 걸어도 반응하지 않고 언제나 친구들 무리에서 떨어져 혼자 돌아다녔다.

선생님은 나오토가 자폐증일지도 모른다고 생각해 지원 방법을 배우기 위해 발달장애나 자폐증과 관련한 책을 읽었고, 나오토가 종종학교 밖으로 뛰쳐나가는 일이 있어서 교문은 잠가두었다. 실무사는 생활 전반을 함께 하고 있었다.

교장 선생님으로부터 발달전문가로 소개를 받은 나에게 선생님들은 "아이를 이렇게 둬도 되는 걸까요?"라고 하며 이야기를 시작했다. 나오토가 말을 안 하는 점, 친구들과 상호작용하지 않는 점, 집단활동을 할 수 없는 점을 보며 자폐증이 아닐까 생각한다는 이야기부터 발달장애가 있는 아이에 대한 지원 방법을 가르쳐주면 좋겠고, 자신들이 하는 지원에 자신이 없고 불안하다고 말했다.

부모, 담임교사, 실무사가 나오토에게 정말 하고 싶었던 것

학교에서 날마다 아이들과 만나는 상황에서 문제라고 느끼는 행동을 고민하는 교사가, 이 문제를 전문가가 해결할 수 있다고 기대하는 것은 자연스러운 일이다. 선생님과 어머니의 불안과 고민을 들은 나는 선생님이 문제로 보는 배경에 대해 좀 더 들으려 했다. 그 이유는 그 아이에 대해 교사가 기대하는 '이런 아이가 되면 좋겠다', '이 아이와 만나는 동안 이런 부분을 성장하게 하고 싶다'라는 교육적인 생각을 알고 싶었기 때문이다.

"선생님, 어머니. 여러 가지 걱정이나 문제를 많이 느끼고 계시네요. 이번에는 아이가 어떤 것을 할 수 있게 되기를 바라시는지, 어떤 것을 교육하고 싶은지 모두 함께 생각해 보실까요?"

어머니는 다음과 같이 말했다.

"나오토가 살면서 여러 가지를 할 수 있으려면 친구의 도움이 필요해요. 지역사회의 아이들과 같이 자라면서 친구를 알고, 친구에게 도움받는 경험을 하게 하고 싶어요. 친구와 함께 생활하게 하고 싶어요."

담임선생님은 다음과 같이 말했다.

"지금은 실무사 선생님이 아이 대신 모든 것을 하고 있고, 친구들은 나오토와 전혀 교류하고 있지 않아요. 하지만 속으로는 나오토를 매우 신경 쓰고 있답니다. 실무사와만 소통하는 게 아니라 친구들과 함께 여러 경험을 하게 하고 싶어요. 다른 아이들과 나오토가 서로 알고 함께 할 수 있는 교실을 만들고 싶어요."

모두의 희망과 기대를 토론하면서 나오토에게 '도달하고 싶은 교육'의 목표가 다음과 같이 세워졌다.

기린반의 일원으로서 청소에 참여할 수 있다.

왜 할 수 없는지, 어떻게 하면 할 수 있는지 알기 위한 평가

나오토가 곤란해하는 점: 약점

- 청소할 때 어디를 청소하는지 모르고, 준비하고 시작하는 것을 할 수 없었다.
- 걸레나 빗자루 같은 도구 중에 자기가 어느 것을 사용해야 좋은지 선택하기가 어렵고, 도움이 필요했다.
- 자기에게는 크기가 큰 빗자루를 어떻게 잡아야 하는지 모르고 사용하려고 하면 크게 휘둘러 위험했다.
- 바닥을 닦을 때는 '바닥'이 넓어서 닦는 범위를 정하지 못하고 발 아래만 약간 닦고서는 이내 중단해버리고 말았다.

나오토가 잘하는 것들: 강점

학교생활을 관찰할 때 잘하지 못해 어려움을 겪는 것도 보지만, 동시에 아이 스스로 하는 것과 하고 싶어 하는 것도 보게 된다.

- 빗자루를 휘두르는 것은 정해진 청소 시간에 하는 행동이었다. 나오토는 '청소 시간'을 알고 있었다.
- 걸레를 잡을 때 힘은 약하고 충분하지 않지만, 물에 적시고 짜려고 했다(걸레 사용법을 이해하고 있음).
- 책상같이 닦는 범위가 명확한 곳은 깨끗하게 닦을 수 있었다.
- 교사가 촉진하면 순순히 청소를 시작했다.
- 나오토가 정말로 청소 시간에 참여하고 싶어 한다는 것을 교사도

느끼고 있었다.

- 이름 등으로 자기 물건을 확인해서 표현할 수는 없었지만, 녹색 물건이나 피카츄 모양 등으로 자기 물건을 선택할 수 있었다.

'기린반의 일원으로서 청소에 참여할 수 있다'라는 목표를 실현하기 위한 팀 회의[3]에서 선생님은 다음과 같이 표현했다.

"확실히 마당의 놀이기구를 두드리는 것은 다른 아이들 모두가 마당에서 놀고 있을 때만 그렇고, 빗자루를 휘두르는 것도 청소하는 시간만 그러네요."

그리고 나오토도 잘하는 것을 할 수 있게 환경설정을 하고 싶다고 말하는 선생님의 얼굴에서 웃음이 보이기 시작했다.

참여를 이끌어내는 환경 만들기와 보람을 알게 하는 청소 활동

선생님은 나오토가 빗자루나 걸레를 어렵지 않게 선택할 수 있도록, 나오토의 청소도구에 녹색 스티커를 붙여 표시했다. 또한, 교실 바닥에는 1에서 12까지 번호를 붙여서 어디를 닦았는지 알 수 있게 했다. 신발장은 한 줄씩 청소할 수 있도록 열마다 같은 색의 표시를 붙였고,

---

3   학교를 지원하는 전문가, 특히 작업치료는 학생과 교사, 부모와 협력관계를 구축하고 동맹하며 함께 목표를 설정하는 것이 중요하다. 이를 위해 함께 팀을 구성하고 계획, 실천 전략, 검토 회의 등 다양한 회의를 한다._옮긴이

빗자루는 나오토의 몸보다 작은 것을 구입했다.

나오토는 녹색 표시가 된 빗자루를 스스로 선택하고 청소를 시작할 수 있었다. 처음에는 머리 위로 들어 올리려고 했던 빗자루도 선생님이 2, 3회 빗자루질을 도와주자, 그 뒤로는 바닥을 청소할 수 있게 되었다.

그 모습을 본 선생님들은 '빗자루로 쓰레기를 모으기'라는 감각을 더 알 수 있도록 신문지를 길게 찢어서 교실 바닥에 뿌렸다. 나오토는 눈에 보이는 신문지 쓰레기를 모으며 바닥 쓰는 방법을 배웠다.

바닥 닦기에서 나오토는 번호를 단서로 해서 시작 지점은 알 수 있있었다. 하지만 1→2→3으로 번호 순서를 따르지 않고, 1→12(목표)로 바로 이동하려 했다.

그 모습을 보고 "아니야, 이쪽이야"라고 가르쳐준 것은, 같은 교실의 여자아이였다. 바닥에 1, 2, 3, 4 숫자를 붙였지만, 바닥이 넓어서 나오토에게는 따라가기가 어려웠다. 대신 그 번호에 실제로 호응해서 순서대로 닦은 것은 같은 기린반 아이들이었다. 아이들이 1, 2, 3… 번호에 따라 정확하게 나란히 닦는 모습을 보고 나오토도 그 줄에 끼어 나란히 닦기 시작했다.

어떨 때는 12번부터 거꾸로 닦아 오는 아이도 있었다. 나오토와 역순으로 오는 아이들의 걸레가 서로 부딪쳤다. 그때 상대 여자아이가 "가위, 바위, 보!"라고 말하고 주먹을 냈다. 나오토는 제대로 낸 적이 없고 제대로 낼 수 없었지만, 나오토의 손이 펴진 것을 본 여자아이는 "아! 졌네"라고 말하면서 나오토 뒤로 붙어서 꼬리처럼 이어졌다.

가위바위보 게임은 그 후에도 계속되었다. 선생님도 함께 가위바위보를 시작했고, 나오토는 자기 뒤에 친구가 붙거나, 자기가 친구 뒤를 따라 나란히 닦거나 하는 이 놀이를 즐기면서 몇 번이나 했다. 이 '사건'은 처음으로 나오토와 친구들이 '놀이'를 공유한 순간이기도 했다.

청소에서 이어지는 생활

나오토가 기린반 일원으로서 청소에 참여하고 난 뒤 아이들은 모두 지원자(도우미)로서가 아니라 친구로서 나오토에게 말을 걸게 되었다. 자유놀이시간에 3명의 남자아이가 나오토를 불러 마당으로 가서 술래놀이를 시작했다.

그렇지만 나오토는 '술래'가 누구인지 모르고, 그냥 달렸다. 그것을 보면서 3명의 남자아이는 나오토와 난간이 있는 계단에서 한 명씩 차례로 달려 내려가기 놀이를 시작했다. 그냥 달리는 놀이였지만, 나오토에게 있어서 처음으로 차례를 기다린 순간이었다. 자기 앞 친구가 달릴 때까지 기다리고, 그다음에서야 자기가 달리기를 시작해서 상대에 맞춰 자기 행동을 컨트롤한 최초의 경험이기도 했다.

어려울 거라 생각해 그때까지 당번 활동을 하게 한 적이 없는 나오토에게 선생님은 급식 당번을 경험하게 하고 싶었다. 그래서 의논을 하고자 아이들에게 "어떻게 하면 나오토도 함께 할 수 있을까?"라고 물었다. 아이들은 "우유 당번이라면 할 수 있을 것 같아요"라고 말했고, 그래서 나오토의 첫 급식 당번은 우유 담당이 되었다.

우유 담당에서 빵 담당으로 여러 가지 일에 도전해 가는 가운데, 내가 제일 놀란 것은, 나오토 주위 아이들의 협력이었다. 나오토는 '균등하게 담는 것'과 '물이 있거나 불안정한 것을 흘리지 않고 식판에 놓는 것'은 이해하기 어려워서 잘하지 못했다. 그러나 전혀 문제가 되지 않았다.

왜냐하면, 친구가 "나오토, 좀 더!" "나오토, 조금만. 그래, 한 번더! 오케이!" 등 말로 양을 알려주었기 때문이다. 식판 같은 경우에는 기다리고 있는 옆의 아이들이 자기들의 식판을 나오토가 두기 쉽도록 보내주었다.

이 아이들의 대응은 급식 당번에 그치지 않았다. 줄서기를 함께 하고, 어려운 걸레를 같이 힘주어 짜고, 오늘 청소 당번은 어디인지 알려주며 나오토가 할 수 있는 것에서부터 시작해 놀이를 발전시켜 가는 등 다방면으로 이어졌다.

아이들이 '상대방을 생각한다'는 그 행동에 대해 선생님들도 "나오토 덕분에 반 아이들이 정말 친절하고 훌륭하게 자라고 있어요"라고 말했다. 당시에 그 모습을 나도 보았다. 아이들은 나오토를 지원하는 일에 대해 '누가 할 것인지' 등을 이야기하지 않아도 바로 자리가 옆인 친구라면 누구라도 하고 있었다. 마치 당연한 감각인 것처럼 그런 행동이 너무나 자연스럽게 스며들어 있었다.

그해 운동회에서는 이어달리기를 했다. 나오토는 운동장에 그려진 하얀 표시선을 잘 이해하지 못하고 달리는 경로를 파악하지 못했다.

아이들은 "나오토는 피카츄라면 알고 따라올 수 있어요"라고 아이디어를 냈고, 나오토 앞뒤 순서에 달리는 친구들 모자에 피카츄 표시를 붙이기로 했다. 나오토는 다른 친구들보다 상당히 크게 돌기는 했지만, 앞 친구로부터 배턴을 받고 다음 친구에게 전해주는 이어달리기에 참가할 수 있었다.

나오토는 이렇게 일 년간 함께 자란 같은 반 아이들과 인근 초등학교에 입학했다. 당시에 나는 자원봉사자로서 방문했기 때문에 나오토와는 유치원 일 년간만 만났지만, 진학시키는 유치원 선생님들도, 이후에 나오토를 만나는 초등학교 교장 선생님도, 엄마도 "안심하고 진학시킬 수 있다"고 말했다. 나오토의 성장뿐 아니라, 함께 자라서 함께 진학하는 아이들이 있었기 때문이라고 생각한다.

초등학교 6년간의 성장

내가 나오토와 재회한 것은 초등학교 6학년이 되었을 때였다. 당시의 교무 선생님으로부터 나오토의 그때까지 성장에 관해 들었다. 나오토의 6학년 담임선생님으로부터 처음 만났을 때의 이야기를 들었다. 수업 중에 나오토가 갑자기 일어나 걸어 다니는 것을 보고, 앉도록 주의를 주었는데, 반 학생들이 "선생님, 나오토에게 배우게 하고 싶으세요? 아니면 앉게 하고 싶으세요?"라고 질문했다고 한다. "배우게 하고 싶다"라고 대답한 선생님에게 아이들은 "나오토는 저렇게 걸어 다니면 더 잘 생각할 수 있어요. 그래서 배우게 하고 싶으시면 나오토가 수업 중에 걷는 것을 허락해주세요. 저희는 신경 쓰지 않아요" 라고 말했다고 한다.

"나는 체육 담당이어서, 그동안 안 되는 것은 안 된다고 확실히 주의를 주며 가르쳐 왔습니다. 아이들이 저에게 말했을 때 굉장히 고민했습니다. 그냥 앉는 것보다 무엇을 위해 그걸 하게 하려느냐라고 아이들이 저에게 물어보는 것만으로 제 생각도 정말 많이 바뀌었습니다."

그 반은 큰 문제도 왕따도 없고, 정말 좋은 반으로, 그 성장은 교사들의 노력과 아이들 그리고 나오토라는 존재가 있었기 때문이라는 이야기였다.

사람과 사회가 성장하는 고리

'기린반의 일원으로서 청소에 참여할 수 있다'는 것은 단지 청소를 할 수 있게 되었는지에 관한 것이 아니다. 나오토에게는 '유치원의 일원으로서 친구와 함께 활동에 참여할 수 있었던 일'이며, 교사에게는 '함께 청소하기라는 교육에 도달한 것'이며, 반 친구들에게는 언제나 실무사와만 함께 했던 나오토가 '함께 청소라는 활동에 참여해서 노력하는 친구로서의 만남'이라는 의미가 있다.

중재 전의 나오토는 지원인의 유도에 따라 유치원에서 반 친구들이 하는 청소나 아침 놀이에는 참여하지 않고, 주변을 그냥 여기저기 돌아다니고 유치원이라는 장소에 단지 '있기만 할 뿐'이었다. 당시의 모습에 대해 나오토의 엄마는 "친구에게 조금이라도 흥미를 가지면 좋겠다. 인사만으로도 좋으니 친구가 걸어주는 목소리에 반응해주기를 바란다"라고 말했다.

나오토가 친구에게 관심이 없었던 것은 아니지만, 친구와의 접점과 방법을 모르고 있었다. 나오토는 청소 당번 활동을 통해서 처음으로 반 친구와 연결되었고, 청소뿐만 아니라 아침 준비시간, 바깥 놀이, 교실 활동 등을 함께하며 유치원의 일원으로서 '참여해야 하는 활동'이라고 느낄 수 있게 되었다.

나오토가 친구나 유치원이라는 사회와 연결하기 위해 제일 처음 목표로 세운 '기린반 일원으로서 청소하기'라는 교육은 나오토의 생활과 인생에 영향을 미쳤을 뿐만 아니라 교육으로 연결된 나오토의 친구나, 참여하는 사회에도 큰 영향을 주었다. 그것을 보며 큰 배움을 얻은 중요한 사례였다.

"교사가 자신감을 가지고 교육할 수 있다면, 장애의 유무와 관계없이 모든 아이는 반드시 건강하게 자랄 수 있다."

타이라 미즈에 선생님으로부터 가르침을 받은 이 교육의 생각을 품고, 처음 개입했던 나오토와의 만남으로 배운 것은, 이전까지 생각했던 작업치료의 개념이나 관점을 뒤집는 것이었다. 그리고 그것이 지금의 학교작업치료의 기초가 되었다.

'있다'에서 '참여' 그리고 '활약'으로

마쓰무라 에리(前 유이마와루 작업치료사, 프리랜서)

"못 하는 게 아니라, 안 하는 거라고요"

유나(가명)의 엄마와 유나의 선생님, 작업치료사인 나의 첫 면담은 오키나와에서는 이미 벚꽃이 피기 시작하는 2월경이었다. 딸이 그린 것이라며 보여준 그림책에는 귀여운 그림과 예쁜 글자가 가득했다. 자기가 겪은 힘든 경험에 대한 기분과 자신에게 격려하는 말이 적혀 있었다. 읽으면서 마음에 울림을 느꼈다.

'나처럼 곤란한 사람을 돕는 일을 하고 싶다.'

이 말은 딸의 꿈이라고 엄마는 말했다. 누군가에게 도움이 되고 싶어 하는 친절한 마음을 갖고 있고, 이렇게 좋은 글과 그림으로 멋진 책을 그리는 아이가 학교에서는 어째서 어려움을 겪는 것일까. 그런 의문을 안고, 교실에 방문지원을 하러 갔다.

유나가 있는 4학년 1반은 모두 학기 말 정리를 위해 두꺼워진 각자의 프린트 파일을 펼쳐 과제를 하고 있었다. 학생들은 각자의 진도에 따라 페이지가 달랐다.

유나는 맨 앞자리에서 프린트 용지를 그냥 팔락팔락 넘기면서, 불안하게 흘끗흘끗 주변을 둘러보고 있었다. 결국, 과제를 시작하지 않고 연필이나 지우개로 손장난을 하기 시작했다.

잠시 후 선생님이 과제를 알려주려고 유나가 풀어야 할 페이지를 자연스럽게 펼쳐주었다. 하지만 선생님이 지나가자, 수업과 관계없는 한자 공책을 꺼내 천천히 정성스럽게 반복해서 쓰고 지웠다.

다른 날 방문해보니, 학생들과 함께 수업과제를 하는 유나의 모습을 볼 수 있었다. 다만, 혼자 무엇인가를 찾고 있었다. 과제를 하는 데 필요하지 않은 것을 찾는 것 같았다. 필통 상자, 책상 속, 가방 속을 계속 찾았고 그사이에 과제는 점점 진행되고 있었다.

유나는 일어나 교실의 사물함으로 향했다. 프린트나 교과서는 방치되었다. 유나는 점점 무언가를 찾다가 눈에 띄는 것에 주의를 뺏기며 과제와 관계없는 활동을 시작했다. 결국, 무엇을 하러 왔는지 잊었는지 목을 긁으며 자리로 돌아갔고, 자리에 앉아서는 또 손장난과 낙서를 하기 시작했다.

음악 시간. 문제 풀이가 시작되었다. 유나의 경우 선생님의 이야기를 모두 듣고 난 뒤에 틀린 곳을 수정하기 때문에 점점 늦어졌다. 빨간색 펜으로 수정하려고 했지만, 인제 보니 아까 있던 빨간색 펜이 보이지 않는다. 선생님이 가까이 오는 타이밍에 유나는 필통 안의 다른 색연필을 손에 집었다.

"유나, 지금은 그림을 그리는 시간이 아니란다."

선생님은 부드럽게 지적했지만, 유나는 빨간 펜이 없어서 곤란해하고 있다는 것을 말할 수 없었다.

쉬는 시간이 되자 유나는 다른 아이들과 보내지 않고 선생님이나 어른을 따라다녔다. 관찰자인 내게도 다가와서 자기 그림이나 전날의 사건 등을 즐겁게 말했다. 이야기 도중에 되질문을 해도 깨닫지 못했는지, 아니면 멈출 수 없는지 질문에는 답하지 않고 계속 자기 이야기를 이어갔다. 그리고 상대방은 고려하지 않고 몸짓을 크게 하면서 끝까지 자기 말을 다 마치고는 교실로 돌아갔다.

2월 말에 선생님은 이렇게 말했다.

"이 일 년간은 유나가 교실에 있는 것이 목표였어요. 공부시키는 것도 생각했지만, 부담이 되겠다고도 느꼈어요. 아침 시간에는 스스로 교실에 들어오지 않고, 제가 복도에 나가서 데리고 오면 그제야 따라서 들어와요. 휴식 시간도 혼자 보내거나 제 주변을 돌아다니는 것이 대부분이고요.

수업 중에는 자리에 있어도 손장난을 많이 하고 글자에 집착을 해서 납득할 만큼 글자를 쓸 수 있을 때까지 지웠다 쓰기를 반복하기 때문에, 시간 내에 과제가 끝나는 일이 없어요. 실무사 선생님이 도와주려고 해도 '내일 할 거예요', '못하는 게 아니라 안 하는 거예요'라고 하며 거절해요. 그래서 타이밍을 보면서, 자연스럽게 말을 거는 식으로 지냈어요.

대신, 국어는 잘해요. 칠판 내용을 노트에 쓰지 않아도 듣고 기억하는 것 같고요, 질문에도 대답하고, 교과와 관계없이 발표도 좋아해요. 당번 역할도 책임지고 할 수 있어요. 유나는 책 읽기나 그림 그리기도 좋아하고, 맡겨진 일에 책임감도 있어요. 사실은 다른 아이들과 함께 배울 힘이 있다고 생각해요. 그러니 함께 교과서를 꺼내고 공책을 펴고 칠판 내용을 쓸 수 있으면 좋겠어요. 5학년에 가서는 가지고 있는 잠재력을 발휘해, 학습에도 임할 수 있게 되면 좋겠답니다."

[유나가 도달하게 하고 싶은 교사의 교육]
교실 친구들과 함께 힘내서 교과서를 꺼내고, 공책을 펴서, 칠판 내용을 쓰면서 학습에도 임하는 것

안심하고 5학년을 맞이하기 위한 정보 제공

유나도 선생님도 엄마도 모두 안심하고 5학년으로 올라가기 위해 봄방학 중에 정보를 공유할 기회를 세웠다. 새 학년 담임이 될 히로미 선생님(가명)은 실력 있는 베테랑 교사라고 느낄 수 있는, 미소도 상냥한 멋진 분이었다. 이동이나 인계 등으로 학교 봄방학은 매우 바쁜 시기이다. 이런 시기에 한 학생을 위해 4, 5학년 담임, 교무 선생님, 특별지원 코디네이터가 모이는 따뜻한 학교였다.

'유나가 수업을 참여하기 어려운 이유' 평가

- 말을 이해하지만, 여러 가지를 동시에 기억해 순서대로 과제에 임하는 것과 우선순위를 생각해 행동하는 것이 서투르다.
- 교사의 이야기에 열심히 귀를 기울이지만, 이야기를 들으며 쓰기와 같이 동시에 2가지 일을 수행하는 것이 어려워 한꺼번에 목표에 도달할 수 없다.
- 확 눈에 들어오는 것에 주의를 빼앗기며 하던 과제를 중단하게 되고, 원래의 과제로 돌아갈 수 없다.
- 정리 정돈이나 물건 관리가 어렵고, 필요한 것을 필요할 때 선택해두지 않으며, 수업 활동 시작이 늦어진다.
- 곤란한 것을 말이나 태도로 표현할 수 없고, 주위에서 이를 알아차리지 못한다.

'해야 할 일은 알고 있고, 실제로도 할 수 있는 것들인데….'

아무리 노력해도 머릿속은 패닉으로 가득하고, 노력이 결과로 연결되기 어려운 유나의 마음은 불안으로 가득했다. 사실은 모두와 함께 공부하고 싶지만, 마음(감정)의 댐이 무너지지 않도록 스스로가 '못한다'라고 하기보다 애초에 '안 한다'라고 받아들인 것은 아닐까. 불안을 지우듯 쓰고 지우기를 반복하던 유나의 모습은 교실 안에 있기 위해 안심감과 자신감을 가지려고 노력하는 것처럼 보였다.

숨 가쁜 4월이 지나 학교도 조금 진정하는 시기인 황금연휴 직전에 한 면담에서 새로운 목표로 '친구'에 대해 이야기했다.

'선생님이나 엄마, 어른의 테두리에서 벗어나 친구 무리에 들어가 길 바란다.'

'친구들과 의논하고 공감하고, 함께 놀거나 하면서 친구와 보낼 수 있게 되길 바란다.'

'친구와 함께하고 싶고, 함께 놀고 싶고, 배우고 싶다는 마음을 키워 주고 싶다. 그러면 분명 교실에서 안심하고 보낼 수 있을 것이고, SOS 를 요청할 수 있을 것이다….'

이전 목표인 '모두와 함께 학습에 임할 수 있다'에 '친구와 교류하기' 라는 새로운 목표가 합해졌다.

모두와 함께 수업에 참여하기 위한 궁리

선생님은 다양한 대책을 생각하고 만들었다.

우선 기억에서 사라져도 눈으로 볼 수 있도록 칠판에 필요한 페이 지와 중요한 것을 반복하면서 천천히 써주었다. 이제 놓쳐도 되돌릴 기회가 생겼다.

또, 모든 학생이 우선 필요한 것만 책상에 두기로 하고, 시작할 때 는 전원이 동시에 하도록 했다. 작업 단계를 순서대로 설명하되 맨 처 음에 보기를 제시했다. 과제 도중에 친구의 과제나 작품도 소개하면 서 그때그때 무엇을 하면 좋을지 알 수 있도록 힌트와 단서를 많이 제 시했다.

거기에 더해 듣는 것과 동시에 작업할 수 없고, 바깥의 자극에 주의가 뺏기기 쉬운 유나도 다 함께하는 전체 목표에 이를 수 있도록 각 단계마다 '시작과 마무리' 지점을 만들었다. 예를 들어 '준비된 사람은 손들어 표하기', '칠판 필기를 다 하고 나면 공책을 위로 들어올리기' 하는 식이었다. 이렇게 해서 다음 단계 시작은 모두 함께하게 도왔다. 그리고 타이머를 사용하여 목표 지점을 명확히 했다.

서투른 '물건 관리'에 관해서는 정리하는 과제 자체를 따로 제시하고, 정리하는 순서를 학급 전체에 전달하고 유나에게는 필요에 따라 자연스럽게 말을 걸어 도와주었다. 시간 내에 끝나지 않았을 때는 쉬는 시간까지 도왔다. 초반에는 효과가 없는 날이 계속되지만, 모두가 짧은 목표를 달성하는 성공 경험을 쌓아나가면서, 2학기 말에는 개별적인 말을 하지 않아도 모두 함께 시작하고 마무리까지 할 수 있게 되었다.

친구가 없다

4학년 때의 유나에게는 함께 놀거나 친구라고 부를 수 있는 상대가 없었다. 그래도, 친구가 곤란하다고 하면 자신을 제쳐두고 도와주려고 하는 친절한 모습은 5학년이 되어도 변하지 않았다. 유나가 주로 있는 곳이 자기 자리와 교사 옆인 것도 변함이 없었다.

[유나가 도달하게 하고 싶은 교사의 교육]

교사나 친구의 지원을 받으며 학교에서 안심하고 친구와 교류할 수

있게 된다.

① '친구와 교류하기 어려운 이유' 평가

- '봐봐, 뭐 하고 있어?', '아~ 나도 알아'와 같이 계기를 만드는 말
  을 걸기가 서투르다(자기가 교류를 시작하기).

- 말하기 시작하면 '보고', '듣는' 안테나가 닫혀버리고 자기가 완결
  해 버린다. 일방적이고 대화 상대와 정보나 의견을 교환하지 않는
  다(대인 교류에 필요한 대화의 규칙인 주고받기).

- 상황이나 상대의 반응을 알아차리는 것이 서투르며, 자기도 교류
  를 잘하지 못한다는 것을 느껴서 자신감이 없다(대인 교류에 필요한
  눈 맞춤이나 적절한 거리감, 필요한 맞장구 등).

- 자신보다 상대의 기분을 먼저 따르며 자기의 기분이나 곤란한 것
  에 대해 전달하기 어렵다(감정 표현이나 상대와의 의견의 차이를 적절한
  방법으로 표현하기).

② 친구와 교류하기에서 '할 수 있는 강점'

- 친구가 말을 걸면 반응할 수 있다.

- 자연스러운 대화보다 청소나 급식 당번 등 무언가 공통의 화제가
  되는 주제나 도구가 있으면, 친구와 접점이 있다.

- 부드럽게, 친구를 위해서 도움이 되고 싶어 하고 상대의 기분에

공감하는 힘이 있다.
- 친구가 있기를 원한다.

　선생님은 수업 중 전원이 서로 배려하고 도울 수 있는 관계 만들기를 목표로 세웠다. 이를 위해 1학기는 여름 수학여행을 염두에 두고 모둠수업을 중심으로 수업을 운영했다.

　수업도 급식도 같은 모둠이다. 전원 서로 그렇게 친하지 않은 구성원으로 이뤄져 대인관계도 모두가 같은 출발선에서 시작할 수 있게 했다. 유나의 모둠에는 안심할 수 있는 친구를 배치해 곤란할 때 친구에게 말을 걸어도 괜찮도록 배려했다. 그래도 불안이 사라진 것은 아니다. 학교에서 어렵지만 하고 싶은 친구들과 관계 맺기를 위해 열심히 노력하는 만큼 집에서는 공황을 일으키는 날도 있었다. 너무 노력하는 것은 아닌지, 언젠가 다시 힘들어지는 것은 아닌지 어머니와도 불안한 마음을 느꼈지만, 그런 생각도 모두 공유할 수 있었다.

　엄마는 언제나 유나에게 "엄마도 선생님도, 유나에게 친구가 생기기를 바라고 있단다"라고 말했다. 그런 생각이 전해졌는지 어느 날 갑자기 유나는 친구에게 "함께 가자"라고 말할 수 있었다.

　집에서는 친구와 커뮤니케이션을 잘하기 위한 책을 읽었고, 2학기에는 선생님의 권유로 댄스팀에도 소속했다. 하지만 약속을 잊거나 기억하는 내용을 착각하고 친구에게 생각을 잘 전하지 못하고 오해가 생겨 집에서 폭발하는 날들이 계속되었다.

　그럼에도 가정에서 지지가 이어졌고 학교에서는 선생님이 친구들

사이를 중재하며 조금씩 점점 교류하는 경험을 쌓을 수 있었다. 가장 친한 친구라고 부를 수 있는 상대는 없었지만, 친구와 관계하는 일이 늘어나고 활동을 공유할 수 있어 친구와의 접점을 만들게 되었다.

성장하는 한 부딪히는 과제는 생긴다. 초점을 미래에 둔다

하나의 과제를 해결해도 또 새로운 과제가 나타나고 그만큼 문제가 발생했다. 성장이라는 다음 문을 열기 위한 계단이 기다리고 있기 때문이다. 친구와의 접점이 생겼기 때문에 옥신각신하거나 상처 입는 문제가 생겼다. 그러나 그럴 때 혼자 쉬는 시간을 보내는 유나의 모습은 없고, 상처 입은 친구에게 스스로 어깨를 빌리거나 교실에서 기르는 햄스터를 중간에 두고 서투른 대화지만 누군가와 함께 있는 그런 모습을 많이 보게 되었다.

3학기[4]가 되자 담임인 히로미 선생님은 어머니에게 말했다.

"어머니, 저는 어떻게라도 유나에게 자기 생각을 친구에게 말할 수 있는 힘을 갖게 하고 싶어요. 어른이 없어도 스스로 생각하고 토론하고, 함께 할 수 있는 힘을 키워주고 싶어요. 그러니까 어쩌면, 어머니, 죄송스럽지만요. 집에서 다시 공황 상태가 되어 힘들지도 몰라요……그래도 어머니, 지금까지 해오신 것처럼 협력해주시겠어요?"

---

4   일본의 1학기는 4월, 2학기는 9월, 3학기는 이듬해 1월부터이다._옮긴이

어머니는 연말 기간에 휴일이 없어 직장에 유나를 데려가기도 해서 심적으로 여유가 없을 수도 있었지만, 웃는 얼굴로 "물론이에요!"라고 대답했다.

문제점이 아니라, 아이에게 어떤 힘을 갖게 하고 싶은지, 어떤 모습을 보고 싶은지 팀에서 공유하고 그 희망을 향해 모두가 다시 움직이는 순간이었다.

이렇게 유나는 친구와의 교류는 여전히 과제로 남아 있지만, 수업에 참여하는 자세는 달라질 정도로 성장했다. 5학년 동안 교실에 '있다'에서 '참여한다'로 성장을 이루었다.

참여하기 때문에 활약할 수 있다

유나가 6학년이 되고 나서 방문한 것은 단 2회였다. 쉬는 시간에 2, 3명의 여학생 모둠 속에서 웃는 얼굴로 말하는 그녀의 모습을 볼 수 있었다.

수업 중에는 곤란한 일이 있어도 선생님에게 망설이지 않고 질문할 수 있었다. 과학 시간에는 실험 결과에 대해 당당히 발표하고, 상대가 납득할 때까지 설명했다. 자신의 의도는 그렇지 않다고 발언하는 모습도 있었다. 유나를 처음 담당한 과목 담당 선생님은 "유나요? 매우 우수해요"라고 웃는 얼굴로 말했다.

6학년 담임선생님도 다음과 같이 말했다.

"사실 수업 중 아무런 어려움도 없고, 쉬는 시간에는 학급 학생들 모두, 유나가 쓴 그림책에 흥미를 가지고 모여들기도 해요. 그림 잘 그리기로 유명한 리코라는 학생도 유나의 일러스트를 대단하다고 인정해요. 이번에 학교 맞은편 건물 벽에 아이들에게 그림을 그려달라고 의뢰가 들어와서, 우리 반에서는 그 학생들에게 부탁하려고 해요. 아, 맞다. 6월 운동회에서 유나는 중계 담당인데, 자신만만해하고 있어요!"

선생님은 성장한 유나의 미래를 생각하며 기뻐하는 것 같았다.

하나의 바람(목표)이 이루어지면 시너지 효과가 있다. 자신감이라는 마음의 방패를 얻을 수 있기 때문이라고 생각한다. 선생님이 '도달하고 싶은 교육'의 패턴을 연결한 후, 유나는 유이마와루 서비스를 졸업했다.

사실은 모두와 똑같이 하고 싶어요

마에하라 유(유이마와루 작업치료사)

문제아 코타

초등학교 3학년의 코타(가명)는 수업이 시작되자 책상에 책을 세 권 놓고, '차렷'이라는 구령에도 끄떡도 하지 않고 읽기 시작했다.

"교과서 24쪽, 노트는 어제 다음 장 펴세요."

담임선생님 목소리에 반 아이들은 교과서 책장을 팔랑팔랑 넘기고, 연필을 준비하기 시작하지만, 코타는 표정 하나 바꾸지 않고 계속 책을 읽는다.

"공부 안 하니?"

그렇게 묻는 내게 코타는 쿨하게 대답한다.

"왜요? 성가시니까 책 읽는 편이 나아요."

코타는 수업에 참여하려는 생각조차 없어 보였다.

선생님은 코타가 친구 관계에 어려움을 겪는다고 했다. 교실에서는 쉬는 시간에 남자아이들 사이에서 레슬링이나 힘겨루기 같은 놀이가 유행하고 있었다.

코타는 처음에는 참가하지 않고 잠시 보고 있다가 기세 좋게 일어나서 친구들 속으로 들어갔다. 겨루기 상대와 붙잡고 마주하는 사이, 손을 크게 흔들었고 그 손이 상대 친구 배에 맞았다. 친구는 배를 붙잡고 주저앉아 아파했지만, 코타는 그 모습을 그냥 바라만 보았다.

"너, 일부러 쳤지!!!"

"아냐, 그렇지 않아!"

화나서 소리친 친구에게 코타가 대답했다. 쉬는 시간이 끝나고 선생님이 교실에 들어오자 주위에서 보고 있던 학생 하나가 말했다.

"선생님, 코타가 일부러 배를 때렸어요."

그 학생의 말에 놀란 표정을 짓고 코타는 교실을 뛰쳐나갔다.

"코타! 돌아와! 그리고 제대로 사과해."

선생님이 불렀다.

"어째서 내가 안 그랬는데 나만 갖고 그래!"

울면서 분노하는 코타의 목소리가 복도에 울려 퍼졌다.

코타는 매일 끊임없이 문제를 일으켰고, 코타에게 괴롭힘을 당했다고 호소하는 아이도 있었다. 그런 와중에 좀처럼 사과하지 않는 코타에 대해 반 학생들도 어떻게 대하면 좋을지 모르는 모습이었다.

부모와 담임교사의 '도달하고 싶은 교육'

모두의 생각을 듣는 팀 회의에서 교사과 엄마는 이렇게 말했다.

"코타가 기본적으로 나쁜 아이가 아니라는 것은 알고 있어요. 그런데 학교에서 뛰쳐 나가 버리고, 더 이상 다른 아이와의 트러블이 늘어나면, 조치를 할 수 있을까 걱정입니다."(교사)

"친구들과 잘 지내기를 바라요. 우선은 노력해서 수업을 받을 수 있는 태도를 취해주기를 바라고요. 집에서 학습 면을 따라잡으려 해도 공책에 필기해 오지 않으니까 복습이 어렵습니다."(엄마)

교사도 부모님도, 코타가 정말은 편안한 마음으로라면 해낼 힘이 있을 것이라 기대하면서도, 나날이 연속되는 문제행동 대응에만 급급해 어떻게 해야 좋을지 몰라하며 고민하고 있었다. 선생님이나 부모님으로부터 코타에 대한 생각을 더 깊이 들으며 '도달하고 싶은 교육'의 목표를 함께 완성했다.

> 〈초등학교 졸업까지〉 학습이나 단체활동 등 교실에서 하기를 기대받는 활동[5]에 코타가 친구와 함께 참가할 수 있다.
> • 친구 관계 : 쉬는 시간이나 방과 후에 친구와 안심하고 교류를 할 수 있다. 친구와 놀 수 있는 생활을 기대할 수 있다.

---

5 가정, 학교 등에서 서로 기여하고 소통하면서 하기를 기대받는 활동. 건강한 생활은 '해야 하는 활동(필수 활동)', '하고 싶은 활동(자유 활동)', '기대되는 활동(계약, 공헌, 의무 활동)'이 조화를 이룬다._세계작업치료사연맹

- 수업 · 학습 : 학교에서의 학습 · 숙제 등 교사와 약속한 것은 응원을 받으며 쓰고 읽는 등 습관을 갖추며 임할 수 있다.
- 스케줄(정리) : 수업의 시작 · 과제 참여 등 해야 할 일을 자발적으로 시작하거나 조금의 격려로 기분을 바꾸어 임할 수 있다.

모두의 목표를 이루기 위한 평가와 정보 공유

사회의 기대를 마주하는 불안(사회에 대한 불신감과 불안감)

코타는 교실을 걸을 때나 의자에서 일어설 때, 책상 등에 몸을 자주 부딪쳤다. 걸을 때는 어깨가 친구에게 툭 하고 부딪히는 것도 자주 보였다. 그런데 코타는 부딪쳐도 아무 일도 없었던 것처럼 지나간다. 사실 코타는 자기 손이나 다리가 어떤 식으로 움직이고 있는지 무의식적으로 알거나, 물건이나 사람과의 거리가 얼마나 되는지 감을 잡는 것이 서투른 것이었다. 그 때문에 친구와의 거리감이 잡히지 않고 자신이 손을 크게 옆으로 흔들면서도 그 손에 옆에 있는 친구가 맞은 것도 눈치채지 못했다.

코타의 손에 맞은 친구가 "코타가 때렸어요!"라고 말하거나 선생님으로부터 "사과해"라는 말을 들을 때마다 코타는 '내가 한 게 아닌데'라는 불만을 갖고 슬프게 생각해왔다. 그래서 지금까지 '최선을 다해도 주위 사람들은 인정하지 않는다', '나는 그럴 생각이 아니었는데 나만 혼난다' 등 불만을 느끼는 상황이 사회(학교) 속에서 계속되고 코타도 '이제 사람들과 마주하지 않겠다!'라는 마음을 속으로 정해놓고 있었다.

학습 과제도 그중 하나였다. 못하겠다고 하기 이전에, 원래 주변에서는 아무도 자기를 이해해주지 않는다고 생각하며 학습 과제는 '하지 않겠다'라고 결정하고 있었다.

기대에 부응하는지에 대한 불안(낮은 자기 긍정감)

'이제 사회와 마주하지 않겠다!'라고 결정했지만, 사실은 모두의 기대에 부응하고 싶어 하는 것 같았다.

그러나 학습 과제에 임하는 동작에 어려움이 있고 그 경험들로부터 사회에 대한 불신감이 쌓인 코타는 정면으로 도전하지 못하는 모습이었다.

학습 과제를 해결하기 위한 동작의 어려움

코타는 앉아 있으면 전신 근육의 긴장이 낮아지기 쉽고 각성을 유지하기가 어려웠다. 그래서 45분 동안 계속 앉아서 수업을 받기 위해서는 의자를 흔들흔들하거나 옆에 있는 아이에게 닿도록 움직이는 식으로, 어딘가 몸을 움직이지 않으면 집중하기 어려웠다. 의자에 계속 앉아 있기를 힘들어하는 것 같았다.

게다가 한 가지에 집중하고 동시에 여러 문제를 해결할 수 없었다. "교과서의 30쪽을 펴고 읽어보자. 그다음에는 칠판에 있는 것을 보고 쓰자."

선생님이 말하고 모두가 교과서를 펼치는 그사이에, 코타는 교과서에 낙서를 하고 시간을 어기게 된다. 소리 내어 읽기를 할 때는 '지금 읽는 곳이 어디인지' 찾기가 어렵고, 읽기가 끝난 다음 칠판에 있는 것을 보고 쓰는 '지금 해야 하는 과제'를 의식적으로 이어가는 것을 힘들어했다.

게다가 코타는 자기 신체의 윤곽을 잘 인식할 수 없었다. 걷거나 의자에서 일어날 때조차 물건과의 거리감이 잡히지 않고 부딪친 감각을 눈치채기 어려운데, 게다가 칠판에 있는 글을 보고 쓰기 위해서는 연필을 손에 쥐고 노트의 질감을 느끼면서 글자를 써야 해서 한층 더 몸과 연필, 노트의 거리나 위치를 맞춰 조종하는 것을 힘들어했다. 칠판의 글을 보고 노트에 쓰는 과제가 코타에게는 가장 힘든 동작으로 보였다.

공부에 따르는 에너지

학교생활이나 방과 후 생활 등에서 코타는 친구와 '안심'하고 '만족'스럽게 놀 수 있는 시간이 적고, 마음의 에너지가 항상 부족한 상태였다. 공부에 '힘내기' 위해서도, 활동으로 채워진 생활 속에서의 에너지 보충은 중요한 요소이다. 사회에 대한 불신감을 신뢰로 바꾸는 것 그리고 안심하고 친구와 교류할 수 있는 환경이 필요했다.

목표를 이루기 위한 관계

4학년이 되어 선생님도 교실도 바뀌어 새로운 환경이 되었다. 새로운 선생님에게 코타의 3학년 때 모습을 전하고, 목표도 그대로 이어서 진행하기로 했다.

코타는 수업 중인데 복도에서 줄넘기를 하거나, 도서관에서 빌린 책을 펼쳐 자기 얼굴을 숨기면서 독서로 시간을 보내고 있었다.

코타가 안심할 수 있는 각각의 관계

담임선생님은 친구와 안전하게 안심하고 놀 수 있도록, "자, 코타가 기다리고 있어"라고 쉬는 시간이 되면 코타에게 무심한 듯 놀이 도구를 전해주었다. 이렇게 하면 자연스럽게 친구가 코타 주위에 모여, 자기가 "함께 놀자"라고 말하지 않아도 놀 수 있는 환경이 만들어졌다. 수업 중에는 수업 방해라고도 보일 수 있는 태도를 보이는 코타에 대해서, 수업으로 돌아오는 순간 "코타, 기다렸어. 할 수 있는 일부터 하면 돼"라고 격려하고 숨을 돌리며 수업을 받을 수 있도록 보장했다.

또한, 코타에게 주의를 줘야 할 필요가 있을 때는 일대일로 직접 지적해서 전체에게 알려지는 일이 생기지 않도록 전체에게 코타가 주의해야 할 점을 포함해서 알려주었다. 예를 들어, 코타가 펜을 똑딱이는 소리를 계속 낼 때 코타에게 직접 이야기하지 않고, "모두, 잘 앉아보자. 역시 4학년이네. 잘했어. 펜을 똑딱거리지 않고 잘 들어줘"라며 학급 전체에게 살짝 알려서 코타가 자기 행동을 알아차리고 수정할 기회를 만들어주었다.

이러한 환경에서 선생님은 자신의 말이나 수업 메시지가 코타에게 전해지도록 칠판에 글을 쓰는 것만이 아니라, 코타가 대답할 수 있는 질문으로 조정하거나 칠판에 쓴 내용을 프린트하고 전해주어 수업받는 것에 대한 안심감을 보충하도록 도왔다.

코타의 부모님은 목표를 이루기 위해 선생님의 노력을 코타에게 소통하고 친구와 등교할 수 있도록 적극적으로 지원했다. 또한, 축구에 관심이 있는 코타를 위해서 지역의 축구클럽을 찾아 방과후 활동 만들기를 했다. 그러자 코타는 '선생님은 나를 배신하지 않는다. 나도 이반의 일원이다'라는 생각이 싹트기 시작했다.

교사과 작업치료사의 교실 만들기

점차 친구들과 노는 시간이 늘어나면서 마음의 에너지가 보충되고, 교사의 말이나 관계를 통해 코타는 주위 사람에 대한 불신감이나 불안감이 조금씩 줄어드는 모습이었다. 그래서 부모님과 함께 팀 회의를 실시해, '수업 중에 도울 수 있는 환경 만들기', '의자나 도구 조정'을 목적으로 주 1회, 약 3개월 기간을 정하여 '교실 학습 지원자'로서 작업치료사인 내가 방문하게 되었다.

'교실 학습 지원자'라는 형태로 한 것은 이 반에는 선생님이 코타 이외에도 염려하는 아이가 몇 명 더 있기도 해서, 선생님과 함께 전반적인 교실 만들기를 하는 것이 목적이었기 때문이다. 우선 의자 만들기를 했다. 코타 이외에도 계속 앉아 있는 것을 힘들어하는 아이들의 의

자에 목욕 타월이나 미끄럼 방지 매트를 깔았다. 그러면 엉덩이와 허벅지 뒷면 전체가 감싸는 형태로 앉을 수 있다. 코타는 "짧은 시간이니까 잘 모르겠다. 더 긴 시간 사용하고 싶다"라고 말했지만, 등이 더 곧게 뻗어 각성이 낮아지지 않고 명료해져서 수업을 받을 수 있었다.

수업 참가에 단계를 두었다. 우선은 수업에 필요한 도구만 책상 위에 두기로 했다. 그런 다음 선생님이 말한 쪽 펴기. 그리고 독서나 낙서 등 수업 이외의 행동이 슬슬 나타나기 시작할 때 옆으로 가서 "선생님 불렀니? 안 들렸네", "이 문제를 다 푼 사람은 요 문제를 풀어보자고 했지~"라고 기대하는 과제에 참가하고, 하나하나 클리어할 수 있도록 정성스럽게 말을 걸었다.

그런 어느 날의 산수 시간이었다. 곱셈을 설명하며 선생님이 "4600의 100배는 얼마인가요?"라고 문제를 내자 아이들은 열심히 공책에 식과 답을 쓰기 시작했다. 그중에 코타는 이제까지 '수업에 참여하지 않겠다'라는 나름의 각오가 수업 참여를 방해하는 듯하면서도 왼손으로 쥔 펜으로 크게 '460000'이라고 써서 "선생님, 알았어요"라고 자랑스럽게 보여주었다. "그럼, 그 답의 1000분의 1은 뭘까요?"라고 묻자 왼쪽의 '0'을 지워가며 선생님에게 정답을 보여주었고, 선생님은 웃으면서 '정답'이라고 동그라미를 그려주었다. 그런 다음 책상 위에다 계산을 시작하려고 했다. 이때 선생님은 계산 문제 하나를 작은 종이에 적어서 전해주었다. 1번부터 3문제까지 식을 종이에 하나씩 써주며 빈 답 칸 채우기 문제로 난이도를 조정하면서 점차 칠판에 쓰인 문제를 풀도록 단계를 올려갔다.

약 3개월이 지나면서 코타는 수업 중에 손을 들어 교사의 질문에 대답하고 가능한 범위에서 '쓰기'를 도전하기 시작했다. 또한, 수업 중에 다른 책을 펼치면서도 수업 내용은 듣고 있어서 교사의 질문에 답할 수 있었던 순간의 계기가 자신감으로 연결되어 수업에 적극적으로 참여하는 날이 늘어갔다.

팀에서 코타의 성장 공유

유이마와루가 관여한 지 약 2년이 지나면서 작성한 목표나 생각이 코타에게 도달하고 있는 것을 팀으로 공유했고, 코타의 지원 방문 서비스는 졸업이라는 이름으로 마무리하게 되었다.

"코타는 읽고 쓰기가 매우 능숙합니다. 모두의 본이 될 정도입니다. 점수도 80점으로 노력하고 있습니다."

선생님의 보고였다. 코타가 도전할 수 있다고 판단한 수업이라면, 스스로 필요한 도구를 책상 위에 준비해 수업을 받을 수 있는 것 같고, 칠판에 있는 것을 보고 쓸 수 있게 되었다고 한다.

어머니는 다음과 같은 이야기를 했다.

"집에서는 돌아오고 나서 숙제를 하는 등 흐름이 정해졌어요. 좋아하는 캐릭터의 일러스트와 설명을 노트에 쓰거나 눈금이나 칸에 맞게 글자를 쓰거나 할 수 있게 되었어요. 한 친구와 매일 아침, 걸어서 등교할 수 있게 되고요. 성장한 것을 느낍니다."

코타에게 팀에서 만든 목표를 보여주고 "보면서 신경이 쓰이거나 곤란한 점이 있나요?"라고 물었다.

"응? 곤란한 점? 그런 거 없어요. 지금은 그냥 잘 지내고 있어서 답할 게 없어요."

나는 코타의 이 대답이 매우 놀라웠다. 그가 다시 한번 사회라는 무대에 오를 수 있을까, 우리 어른이나 사회가 코타에게 얼마나 마주하면 희망을 가질 수 있을까 하는 의심을 품으며 시작했던 기억이 났기 때문이다.

이후, 다른 아이를 지원하기 위해 학교를 방문했을 때 코타를 보았다. 학년 소풍날이었는데 광장에서 느긋하게 놀고 있었다. 코타가 스스로 말을 걸고 친구들 무리에 들어가기도 하면서, 자연스럽게 친구와 어울려 노는 것 같았다.

"산수 테스트로 100점 맞았어요. 공부로 곤란한 일도 없어졌어요!" 내게 다가온 코타가 기쁘게 말했다.

그리고 코타를 알고 있는 선생님들이 계속 즐거운 이야기를 들려주었다.

"열심히 하고 있어요. 지금은, 수업 중에 노트를 꺼내는 것이 당연하다고 해서 놀랐어요."

"학년이 바뀌어도 노력하고 있는 것 같고요. 즐겁게 수업에 참여하고 있는 것 같아요."

코타를 통해 배운 것

겉으로는 문제가 많은 초등학생으로 보인 코타였지만, 사회에 대한 저항 때문이었다. 본심은 기대되는 것을 마주하고 싶으면서도 그러기 어려운 불안한 기분을 스스로 표현하는 방식이 주변에 그렇게 보인 것이었다.

나는 그런 모습을 선생님이나 부모님에게 통역했을 뿐이었고, 팀에서 목표를 결정하고, 그를 지원하는 환경이 크게 바뀐 것이 정말 감동스러웠다.

선생님이나 부모님이 코타가 매일의 학교생활을 할 수 있도록 지원해서, 코타가 학교라는 사회에 다시 마주하는 소중한 기회의 문을 열어주신 것에 감사하고 있다.

나도 열심히 하고 싶어요

오키다 나오코(유이마와루 작업치료사)

반짝반짝 1학년

엄마의 염려

하지메(가명)는 나를 만나기 전, 4월에 입학할 때부터 유이마와루 서비스를 이용하고 있었다. 특수학급(민들레반)에 재적 중이다.

엄마는 처음에 "유치원이나 어린이집에 다니기 시작했을 때도 다니기 어렵기는 마찬가지였어요. 무엇이 원인인지는 모릅니다"라고 불안해하며 말해주었다.

이야기하면서 엄마의 3가지 걱정을 들을 수 있었다.

첫 번째는 식사다. 어릴 때부터 편식이 있었고, 봐도 먹지 않거나 조리 방법을 달리해도 입에서 뱉어내는 경우가 많았다. 학교에 가면 매일 먹어야 하는 급식이 학교에 가고 싶지 않은 요인이 되지 않을까 걱정이다.

두 번째는 친구 관계다. 어린이집에서는 형들이나 어린 동생들을 좋아해서, 좋아하는 친구들과 트램펄린을 타는 등 함께 노는 시간이 있다. 하지만 그럴 때마다 다른 아이들과 똑같이 하고 싶은 마음이 너무 강해서, 자기가 잘하지 못하는 경우 화를 낸다. 친구는 친구, 나는 나라는 마음을 가질 수 있게 되면 좋겠다, 동급생을 동료로 느끼고 즐겁게 지내면 좋겠다.

마지막으로 수업이다. 어릴 때부터 영어 등 자기가 흥미가 있는 것은 습득이 빨라 영어 단어는 듣고 기억하는 반면, 쓰려고 하지 않아 쓰기 대신 기억하는 방법으로만 대처하려 하고, 스스로 연필을 쥐지 않은 지 일 년 이상 된다. 펜으로 글자나 그림을 그리는 것에 자신이 없고, 가위 등 물건을 다루는 것도 서투르다. 서투르더라도 자신이 가지고 있는 힘으로 즐겁게 활동에 임해주기를 희망한다.

학교에서의 하지메는

학교에서의 하지메 모습을 보러 갔을 때, 수업은 학년 전체가 이야기를 듣는 시간이었다. 선생님의 도움으로 바닥에 앉았는데, 이야기하는 동안 일어나 걸어 다니기도 했다. 그러나 후반이 되면서 움직임의 횟수가 많아지고 점차 팔다리의 움직임도 늘어나 선생님의 이야기에 주의를 기울이기 어려운 모습이었다. 선생님의 전체를 향한 지시에는 주위를 보고 행동으로 옮길 수 있고, 모두에게 맞춰서 기립해 옆을 향했지만, 자기가 맨 앞이 되면 표정이 굳어져 버렸다. 한번은 엄마가 교실에 들어가도록 촉구하니 인상을 쓰며 엄마도 같이 가자고 손을 끌기도 했다.

수업 내용과 해야 하는 것이 무엇인지는 알고 있었다. 하지만 예를 들어, 스스로 15를 51로 잘못 쓴 실수를 눈치채면 표정이 험하게 바뀌며, "아~, 이거 모르겠어. 어려워"라는 말을 화를 내며 내뱉었다. 그래도 선생님의 팁과 도움을 받고 끝까지 노력해 과제를 마무리했다.

과제를 완성하면 손가락으로 승리의 V 포즈를 만들며 "봐봐요, 봐요!"라며 선생님이 자기를 볼 때까지 목소리를 냈다. 또, 선생님이나 친구의 대화, 문소리 등을 잘 듣고 잘 반응했다.

담임교사와 엄마가 '도달하고 싶은 교육'

선생님과 엄마는 각자의 생각을 말했다.

"엄마와 교실에 도착하면, 순조롭게 헤어질 수 있고, 과제에도 임할 수 있어서 좋다고 생각해요. 그런데 1학년 시기에는 공부도 좋지만, 친구 만들기가 학교에 오는 리듬을 만드는 중요한 일이라고 생각해요. 친구를 사귀는 것이 학교에 오는 즐거움의 하나가 되기 때문에요."(교사)

"학교에 다니는 것이 하지메의 생활 속에 자리 잡기를 바라요. 자신의 페이스로 납득하는 방식으로, 스스로 노력하는 범위에서 우선은 4교시까지 안심하고 보낼 수 있으면 합니다."(엄마)

그리고 선생님과 엄마와 의논하며 목표를 완성했다.

1. 편안하게 등교할 수 있다(안심하고 학교에 다니는 것이 당연해지
   길 바란다).
2. 친구들과 즐겁게 교류한다(친구들과 교류하면서 '즐거움', '재미'
   를 느끼면 좋겠다).
3. 수업에 주체적으로 임한다(매우 노력하는 아이로, 하지메의 장점
   을 살려주고 싶다).

할 수 없는 것과 어떻게 하면 할 수 있는지를 알기 위한 평가

어려워하고 곤란해하는 일

• 교실에 들어갈 때 긴장함 : 교실에 엄마와 손을 잡고 들어올 때,
  얼굴에 인상을 쓰고 몸에 힘을 넣은 채, 스스로 힘을 빼는 것을 어
  려워했다.

• 활동을 예상하는 것 : 지금 무엇을 하면 좋은지, 언제까지 하면
  좋을지, 얼마나 하면 좋을지, 기대되는 활동이나 목적을 예상하
  지 못했다.

• 지시된 활동을 거절하거나 요청할 수 없음 : 엄마에게는 지원학
  급에 가겠다고 말할 수 있었지만, 다른 선생님들을 만나면 지원학
  급에 가지 않고 일반학급으로 향하고 만다. 또한, 프린트물이 눈
  앞에 오면 하지 못하겠다고 판단하지 못한다. 즉, 불안과 긴장을
  표현할 수단이 없어 'NO'나 'SOS'를 표현하지 못하고, 원하지 않
  아도 하게 되니 항상 긴장의 끈이 팽팽히 당겨져 있는 상태였다.

• 글씨를 쓸 때 힘과 노력이 과하게 듦 : 연필을 여러 번 다시 잡고,

단단한 표정으로 어깨를 긴장하고, 몸을 책상에 누르면서 글자를 쓴다. 필압이 높고, 조금이라도 튀어나오거나 선이 왜곡되어 버리거나 하면 화가 날 만큼, 쓰기에 노력이 필요했다.

잘하고 하고 싶은 것

- 과제가 생기면 "봐요, 이것 봐봐요!"라고 선생님이 돌아볼 때까지 말을 걸고, 진짜는 노력하고 싶고 인정받고 싶은 마음을 가지고 있다.
- 엄마처럼 안심할 수 있는 존재에게는 "NO"라고 하거나 곤란해하고 있는 것을 표정이나 말로 표현할 수 있다.
- 수업 중에 도형 그리기를 할 때 선이 어긋나 기분이 나빠져도 선생님으로부터 "좋아요!", "OK"와 같은 칭찬과 신호가 있으면 기분을 전환할 수 있다.
- 지금 무엇을 얼마나 하는지, 과제가 몇 개 있는지 등 하는 것이 명확하고 예측을 제시하는 경우 과제에 임할 수 있다.
- 선생님의 목소리에는 빠르게 눈치채고 주목한다.

'하고 싶다'는 마음을 이끌어내는 환경 만들기

선생님은 우선, 하지메가 도달하게 하고 싶은 교육을 위해 '안심과 안전지대 만들기'부터 시작했다. 자신의 마음을 안심하고 전할 수 있는 엄마와 함께 등교해서 수업받는 형태로 시작해서 하지메에게 '안심'을 확보했다. 그리고 교사의 OK 사인을 받기 쉽고, 하지메에게 요구하는 것에 곧바로 대응할 수 있도록, 교실 책상을 'ㄷ'자 배치로 바꾸었다.

선생님은 예측성이 갖춰지면 적극적으로 참가할 수 있는 하지메의 강점을 수업으로 살리기 위해, 작은 화이트보드에 이 시간 중의 과제를 써두어 수업의 흐름을 알기 쉽게 전할 수 있게 했다.

또 'NO'를 말하는 것이 서투른 하지메를 위해서, 그날 받는 수업을 하지메 자신이 결정하게 했다. 그렇게 하면 마음의 준비가 되어 조금이라도 안심하고 참여할 수 있는 것을 선택할 것이고, 그러면 서서히 참여가 늘어날 것이라는 주변의 기대가 전해지기를 바랐다.

곤란한 하지메가 어떻게 하고 싶은지의 선택지를 전할 때는 "무슨 일이야?"라고 막연하게 묻기보다 "교실에서 할까? 선생님과 같이 교실에서 할까, 아니면 민들레반에서 할까?"라거나, "연필을 쓸까, 색연필을 쓸까?" 등과 같이 구체적으로 말을 거는 방안을 마련했다.

또한, 쓰는 것이 힘들다고 느끼는 하지메에게 쓰기보다 수업의 즐거움이나 성취감을 더 느끼고 더 배우고 싶은 마음을 기르게 하기 위해서, 도장이나 자석 등의 도구를 이용해서 글씨를 쓰지 않아도 배울 수 있도록 수업을 진행했다.

이처럼 주위에 민감한 하지메에게 '나만 따로'라는 인상을 주지 않도록 세심하게 배려하면서 '도달하고 싶은 교육'의 내용을 조금씩 확장했다.

친구에게 관심을 갖기 시작

힘을 빼는 것이 서투르고, "더 노력하지 않으면 안 된다!"라고 자신을 몰아넣는 성격의 하지메지만, 선생님이나 엄마로부터 자주 "좋아!", "잘했어!"라는 사인을 받으면서 안심하고 학교에서 보내는 시간이 조금씩 길어졌다. 또, 스스로 어느 시간까지 노력할지 결정하고 예상하는 능력도 생겨 엄마와 학교에 간다는 안심감 있는 환경 속에서 등교하는 날도 늘어갔다.

쉬는 시간에는 친구와 교류하지 않고 엄마와 보내고 있었지만, 수업 중에는 카드 활동과 같이 구체적인 틀이 있는 활동에서는 친구와 접점을 갖는 기회가 늘어났다. 그렇게 함으로써 교류를 별로 하지 않는 하지메에게서 친구가 활동에 합류하는 것을 거부하지 않고 받아들이는 모습을 볼 수 있게 되었다.

다음의 학교 방문 때는 민들레반이 체육관에서 놀이를 하는 동안 하지메가 친구의 모습을 가만히 쳐다보고 흉내 내며 친구들에 대한 관심이 늘어난 모습을 보였다. 하지메의 성장을 느낄 수 있는 장면이었다.

지금까지 쉬는 시간에는 스스로 친구들 무리에 들어가기보다 엄마와 보냈지만, 방바닥처럼 편안한 공간에 상급생들이 모여 앉아 있는 것을 보고 살짝 가깝게 스스로 그 무리에 들어가려고 했다. 상급생들도 하지메를 눈치채고 함께 어울려 주었다. 하지메는 매우 기쁘게 웃었다. 엄마의 품을 떠나 친구들 무리에 관여한 순간이었다.

"연필을 들었어요. 자기 나름의 그림과 글자를 썼어요"

팀 회의 때 엄마는 이렇게 말했다.

"집에서는 일 년 이상 연필을 잡지 않고 쓰는 것을 싫어했던 하지메였지만, '그림을 그려보자', '글자를 써보자'라며 쓰기에 흥미와 관심을 보이기 시작했어요. 게다가 숙제하기도 도전하게 되었어요."

"스스로 펜을 들어서 깜짝 놀랐어요. 내일 선생님에게 보여주자고 말하기도 해요."

엄마와 선생님이 뿌린 안심하고 배울 수 있는 환경과 배우고 싶은 마음을 키우는 교육의 씨앗이 싹트기 시작했다.

하지메를 만나 배운 것

하지메와 엄마, 선생님들로부터 '안심할 수 있는 환경'의 소중함을 배웠다. 그리고 엄마를 수업에 들어오게 하는 것이 비록 그 형태는 의존하는 것처럼 보이지만 진짜 목적은 주체적인 수업 참여라는 것을 모두 공유하고 있었기 때문에, 선생님은 선생님으로서, 엄마는 엄마로서, 각각 '안심감'을 전해주는 환경이 될 수 있었다고 생각한다. '도달하고 싶은 교육'을 팀 모두와 공유하고, 각각의 입장에서 지원해나가는 것이 중요하다고 배울 수 있었다. 그 때문에 작업치료사로서, 선생님은 선생님대로 학교에서, 엄마는 엄마대로 집에서 '할 수 있는 것'에 대해 각각 자기 역량을 가질 수 있도록[6] 다가가고 싶다. 앞으로도 방문은 계속된다. 앞으로의 하지메의 성장을 기대하고 있다.

---

6   임파워먼트(Empowerment): 외부의 능력이 아니라 스스로 능력과 힘을 갖는 것. 작업치료사가
     학생을 대신 도와주는 것이 아니라 교사와 부모가 학생을 돕는 힘을 스스로 갖도록 지원하는 것
     을 의미함._옮긴이

'하고 싶어요!'라고 말하게 된 소년

히가 이치에(유이마와루 작업치료사)

자면서 보내는 학교생활

4월 초순에 도움반이 시작될 무렵, 학교사회복지사로부터 "계속 나른함과 졸음을 호소하는 아이가 있다"라며 한 아이를 의뢰받았다. 학교 면담실 소파에서 쭈그리고 누워 잠들었던 그 아이는 쥰(5학년, 가명)이었다.

"언제나 2교시에 반으로 돌아가요." 이날은 사회복지사가 말을 걸어 깨웠지만, 아이는 멍하게 앉은 채 가만히 있었다. 전날은 상태가 좋았고 프린트 과제를 시도한 것 같다고 했는데, 그날은 교사의 "돌아갈까?"라는 말에도 반응이 느렸고, 아주 살짝 고개를 끄덕였다.

도움반 방침으로 귀가할 때는 특수교사인 히로시 선생님(가명)에게 "집에 가고 싶어요"라고 직접 신청하게 되어 있었다. 무표정한 쥰이라도 유일하게 선생님에게 자기 마음을 전하는 시간이었다.

　다른 날의 관찰 장면에서는 쉬는 시간에 한 학생이 면담실에 놀러 왔는데, 쥰의 표정이 약간 풀려 그 학생을 보면서 옆에서 미소를 짓는 것이 인상적이었다.

　수업에서는 히로시 선생님이 "선생님과 힘내서 산수를 해보자"라고 하는 말에 "네"라고 대답하며 보통 3학년 과정인 3자리 뺄셈을 손가락을 이용해 열심히 풀었다. 선생님이 하자는 과제에 열심히 임하기는 했지만, 이 시기의 쥰은 도움반의 수업을 받는 것에도 상당한 스트레스를 느끼는 것 같았다.

　히로시 선생님은 대부분 자는 시간이 많은 쥰에 대해, 어떻게 관여하면 좋은지 모르겠고, 우선 할 수 있는 일로부터 해나가는 관계라고 했다. 그럼에도 변하지 않는 상황에 자신 없어 했다. 히로시 선생님과 천천히 이야기를 진행해나가는 가운데 선생님은 실제로는 쥰에게 친구 관계를 더 확장하고, 수업에서 할 수 있는 경험을 늘려주고 싶어 한다는 바람을 알게 되었다.

　어머니는 쥰이 복용하는 약에 관해서만 주로 말하며, 쥰이 앞으로 어떻게 되면 좋겠다는 바람은 잘 표현할 수 없었다. 방문 초기 어머니와 학교는 쥰의 활동 의욕 저하나 질문에 대한 반응 부족을 약의 부작용 때문이라고 생각해, 복약에 대한 적응이 안정될 때까지는 지켜볼 수밖에 없다고 생각했다. 쥰도 어떻게 하면 좋은지는 잘 몰라 하고, 당혹감과 불안감 속에서 2교시가 지나가는 것을 자면서 기다리는 날이 이어져 왔다.

이번 방문지원은 아이도 선생님도 보호자도 어찌하면 좋을지 모르는 상황에서, 기대나 희망을 잃은 상황에서 시작했다. 거기서부터 '도달하고 싶은 교육'이 무엇인지를 찾아내는 것도 하나의 목적으로서 팀에서 작은 한 걸음을 딛기 시작했다.

쥰에게 어려운 일과 할 수 있는 일

① 쥰에게 어려운 일, 곤란한 것

- 구두지시만으로는 무엇을 해야 할지 모른다 : 히로시 선생님이 학급 전원에게 말할 때 '무엇을 하는지, 무엇을 준비해야 하는지, 어떻게 하는지'에 대한 지시를 놓쳐버려 다른 학생들보다 '시작'이 늦는 경우가 많다.

- 쓰기 동작에 과도하게 노력한다 : 연필을 쥘 때는 양손이나 어깨에 힘이 들어간다. 그 때문에 문자를 쓰거나 그림을 그리기에도 피곤함을 느끼고, 그때마다 여러 번 시계를 보며 과제 진행이 멈춰 버린다.

- 순서에 따라 진행하는 것, 동시에 2개 이상의 과제를 수행하는 것 : 가위를 벌리고 오므리는 연속단계가 어색하고, 잘 다루지 못한다. 자르면서 종이를 동시에 움직일 수 없고 가위만 움직여 자르려고 한다. 양손을 잘 사용하지 않고 작업에 시간이 걸린다. 순서대로 진행하거나 동시에 2가지 이상의 과제를 할 때 입술을 씹거

나 손이나 어깨에 힘이 들어간다.

② 쥰이 잘할 수 있는 일, 하고 싶은 것

- 예상할 수 있는 경우 안심하고, 이 경우 시작하면 끝까지 마무리
  한다 : 지시를 이해하는 경우에는 거의 거부하지 않고 시작할 수
  있었다. 시작하면 중간에 멈추지 않고 지속했다.
- 안심할 수 있는 사람에게는 질문할 수 있다 : 정말 하고 싶은 일이
  있을 때, 히로시 선생님에게는 작은 소리로 살짝 말할 수 있었다.
- 흥미가 있는 놀이가 있으면 친구와 교류할 수 있다 : 쥰과 친구 사
  이에서 유행하는 게임 캐릭터의 이야기가 나오면, 웃으며 교류하
  는 모습을 볼 수 있었다.
- 흥미나 관심 있는 활동은 하고 싶은 마음이 있다 : 교사로부터 활
  동에 격려받고 흥미가 있는 경우에는 스스로 도구 사용법을 배우
  고 흉내 내려고 했다.

교사, 보호자, 지원자와의 팀 회의

히로시 선생님, 원반의 담임선생님과 함께 쥰의 학교 모습이나 성장
을 기대하는 점 등에 관해 논의하는 회의를 열었다. 이때 어머니도 참
가했는데, 말수가 적고 설명하는 데 도움이 필요하다는 이유로 상담원
이 대변했다. 어머니는 눈을 맞추어도 곧바로 아래를 향해 버리는 경

우가 많아, 대화 중에 고개를 크게 끄덕이며 반응을 해보았지만, 어머니는 어떻게 하면 좋을지 모르며 불안 가득한 모습이었다.

선생님도 처음에는 팀 회의에 주체적으로 참여하기 어려운 듯했지만, ADOC-S[7]의 일러스트를 하나하나 신중하게 보는 가운데 선생님의 교육에 대한 생각을 차근히 알려주기 시작했다.

"시간 관리의 경우 알려줘야 그 시간을 시작할 때 많아, 시계를 읽을 수 있을지 염려가 돼요. 친구들과 교류하기는 쥰 자신도 흥미가 있다고 생각해요. 하지만 교실의 친구들에게 가까이 가려고 하지는 않아요. 쥰이 친구들과 즐겁게 교류하는 것이 정말 중요하다고 생각해요."

이러한 선생님의 생각을 정리하면서 팀 목표가 형태를 갖추어 갔다.

장기 목표는 '올해 중 친구들과 잘 지내고 도울 수 있게 된다'로 세워졌다. 이를 이루기 위한 단기 목표는 다음 3가지였다.

- 8월까지는 학급에서 급식 시간까지는 즐겁게 보낼 수 있게 된다.
- 친구와 놀이를 공유하고 휴식 시간을 즐겁게 보내고, 특정한 수업 시간에는 함께 참여한다.
- 학교에서 쥰이 주체적으로 상담하면서 안심하고 보낼 수 있는 환경을 만들고, 새로운 일에 도전할 수 있게 한다.

---

7 https://s.adocproject.com/ 학교의 작업참여 의사결정을 돕기 위해 개발한 애플리케이션

분위기 만들기

우선, 쥰이 흥미를 갖는 조립식 장난감 만들기 등의 활동을 도입해서 학습과 놀이의 리듬을 만들거나, 수업에서 무리하지 않을 정도로 쥰이 하고 싶은 것을 "하고 싶어요!"라고 말할 수 있는 분위기를 만들었다.

또, 쥰이 상담하기 쉽도록 히로시 선생님도 담임선생님도, 쥰이 아니라 모두에게 하듯 전체에게 지시를 한 후 쥰에게 따로 알려주며 확인하는 등 쥰이 곤란할 것 같은 상황에 적극적으로 관여하도록 했다.

'하고 싶어요!'에서 확장되기 시작하는 학교생활

참여하기 시작한 지 1개월이 지났을 무렵, 선생님들의 적극적인 관여가 결실을 보이기 시작했다. 그때까지 매일같이 지각을 반복하던 쥰이 가끔 날씨가 궂은 날은 지각하기는 하지만 혼자 등교할 수 있게 되었다.

또 수업 중 히로시 선생님에게 "선생님, 가위 빌려주세요", "선생님, 플라스틱판에 하고 싶어요", "선생님, 이렇게요?" 등의 말을 할 수 있게 되었다. 또한, 주어진 과제나 활동을 하나하나 시간 순서대로 단계로 나누어 노트에 쓰는 습관도 생겼고, 히로시 선생님에게 질문이나 확인을 자발적으로 할 수 있게 되었다.

히로시 선생님과 상담할 수 있게 된 쥰은 화단 물주기나 잡초 뽑기 등에 열중했다. 처음에는 어디에서부터 어디까지 진행할지를 세세하게 설명해주어야 했는데 "오늘은 잡초를 이렇게"라는 식으로 대략 지시해도 할 수 있게 되었다. 묵묵히 할 수 있는 활동이 늘어나는 사이에 쥰은 3교시까지 학교에서 보내는 날이 늘어갔다. 이 무렵부터 히로시 선생님은 쥰의 사소한 변화에 따라 대응을 더 고민하며, 활동과 놀이에 대해 더욱 궁리하게 되었다.

처음에는 선생님이 귀가 시간을 정하고 알려주었기 때문에 귀가 시간을 몰라 불안해하는 쥰에게 선생님과의 관계는 '마무리해달라고 요구하는 관계'였으나, 이제는 등교 직후 아침 시간에 선생님이 쥰에게 몇 시에 귀가할지 의사를 묻고 나서 학교생활을 시작하며 '마무리를 결정하는 관계'로 바뀌었다.

또, 국어 시간은 한자 단어 2장 쓰기, 국어 노트에 교과서 2페이지를 옮겨쓰기와 같이 명확한 과제를 제시하여, 쥰이 안심감을 갖고 학교에서 지내게 할 수 있었다. 그 안심감으로 주어진 과제를 끝까지 해내게 되었고, 곤란할 때는 선생님에게 질문을 주체적으로 할 수 있게 되었다. 이처럼 학교에 단지 '있는' 환경에서 주체적으로 '하고 싶어요'라고 하는 환경이 되도록 선생님들의 노력이 이어졌다.

그리고 3개월이 지날 무렵, 어머니와 사회복지사, 유이마와루와 면담을 했다. 쥰과 담당 선생님이 궁리한 것을 어머니에게 전했다.

그러자 어머니는 스스로 담담하게 집에서의 모습을 말하기 시작했다. "집에서는 학교에 관해 이야기하지 않고, 기억하려고 해도 말을 잘 못 해요. 전보다 힘들어하지는 않지만, 물어보면 싫어해요. 그래도 한숨을 내쉬는 모습이 적어지고, 학교 가기 힘들어하는 모습도 사라졌어요."

어머니는 기쁜 표정이었다.

쥰은 여름방학 중에 병원에 가서 주치의 질문에 "잘 자고 있어요. 약을 먹으면 움직이기 쉬워져요"라고 대답했다. 주치의는 "약 복용의 변화를 객관적으로 표현할 수 있기 때문에 '좋은 양상'"이라고 했고, 이 정보는 학교 측에도 전해졌다. 이렇게 해서 걱정하던 약복용 조절이나 부작용인 처짐, 피로에 대한 고민이 해소되었다.

여름방학 이후부터는 도움반에서 급식 시간까지 보내고 급식도 먹을 수 있게 되었다. 그 2주일 후에는 히로시 선생님과 함께 원반에서 급식을 먹는 횟수를 늘려 친구들과 보내는 기회가 늘어났다. 스스로 말하지 않았지만 쥰은 히로시 선생님을 통해 친구들과 교류하고, 그럴 때 즐겁게 웃었다. 그 표정을 친구들이 보고 있었다. 친구들의 그런 행동에 쥰은 약간 놀라면서도 수줍어하는 표정을 지었다.

수학여행

서서히 친구와의 관계가 늘어날 무렵, 쥰은 히로시 선생님에게 5학년의 중요한 연간 행사인 교외 수학여행을 '가고 싶다'라고 스스로 말했다. 그러나 쥰에게는 첫 수학여행으로 집에서는 엄마에게 "히로시 선생님도 가는 거야?"라고 불안해하며 물었다고 한다.

수학여행을 위한 작전회의

두 번째 팀 회의는 준이 안심하고 수학여행에 참가할 수 있도록 하기 위한 작전회의였다. 히로시 선생님과 원반 담임선생님, 유이마와 루가 함께, 일정을 미리 알면 할 수 있는 능력, '스스로 할 수 있다!'고 결정한 것은 끝까지 해내는 능력 등 준의 강점을 살릴 수 있도록 아이디어를 모았다.

우선 수학여행 일정표를 만들어 어디에 모여서 어떻게 줄을 서고 누구의 뒷자리인지 등에 관해 구체적으로 도식화해서 확인하도록 했다. 또, 그룹 활동이나 조별 활동을 결정할 때는 서투른 대인 교류에 긴장해 자신의 의견을 말하지 못하면 스트레스가 되기 때문에 이 부분은 담임이 학급 학생들과 의논하며 결정했다. 그리고 정해진 역할을 준에게 알기 쉽게 설명하고, 그 역할을 맡을 수 있는지는 준에게 확인하면서 진행하기로 했다.

'하고 싶다!'로 친구와 연결된 수학여행

수학여행 당일, 준이 안심하고 학교에서 무사히 출발할 수 있도록 집에서 학교까지 확인은 사회복지사가 담당했고, 학교에서 버스 타고 도착하기까지는 히로시 선생님이 함께했다.

수학여행지에 도착한 준은 얼굴이 굳어 긴장한 것처럼 보였다. 처음에는 히로시 선생님이 상황을 알려주었지만, 서서히 학급 학생들이 주체적으로 쥰의 이름을 부르고 앉는 자리를 알려주었다.

그룹 활동으로 친구와 함께 점심을 먹거나 모험 코스를 산책하는 체험을 할 수 있었다. 친구의 말에 쥰은 말로 대답하지 않아서, 친구는 고개를 끄덕여 답할 수 있는 질문을 하고, 거기에 다른 아이들도 잇따라 따라 했다. 이러한 방식으로 대화가 계속되기 어려울 때도 있었지만, 여러 주고 받는 대화에 끄덕임으로 상대하면서 쥰은 어느새 대화의 분위기에 녹아들었다.

운동을 잘하지 못하는 쥰이 밧줄을 잡고 올라가는 것을 주저하고 있을 때, 6~7명의 반 아이들이 "쥰!"이라고 외치며 응원을 시작했다. 쥰은 그 응원에 이를 악물고 줄을 붙잡고 올라가게 되었다.

한 남학생이 손을 뻗어 하이 파이브를 하고, 다른 친구는 쥰의 손을 잡아주었다. 서로 바라보고 웃는 모습을 멀리서 지켜보던 나는 눈물이 쏟아졌다. 다음날 카레 만들기와 식기 정리를 할 때는 돌보기를 좋아하는 여자아이가 쥰에게 말을 걸며 함께할 수 있었다. 성실한 쥰은 맡겨진 일은 끝까지 해내면서 학급 친구들 분위기에 익숙해졌다. 어느새, 쥰은 아이들 사이에 자연스럽게 스며들어 의도하고 찾지 않으면 특별하게 눈에 띄지 않았다.

이전의 쥰은 맡겨진 것에 대해 얼마나 하면 되는지 불안감부터 먼저 드는 경우가 많았지만, 지금은 임기응변을 발휘하면서, 자연스럽게 주위에 맞출 수 있게 되었다. 수행하는 속도도 자기 페이스였던 것을 주변과 맞게 끝낼 수 있었다. '불안'보다 '하고 싶다'라는 감정이 강해지는 것 같았다. 또, 모르면 질문하면 되는 지금까지의 경험이 있어,

익숙하지 않은 활동에도 안심하고 임하는 쥰이 자신감이 넘쳐 보였다.

수학여행 후 학교생활의 변화

수학여행을 다녀온 뒤 쥰은 더욱 성장한 듯 보였다. 도움반에서 교실로 혼자 이동하지 않았던 쥰은 반 친구들의 협력으로 과학실이나 음악실로 함께 자연스럽게 줄지어 이동할 수 있게 되었다.

또, 운동회의 전통 북치기 연습을 할 때는 큰 소리를 힘들어하는 쥰을 위해 히로시 선생님의 아이디어로 귀마개를 하고 연습에 참여할 수 있었다. 운동회 당일도 줄서기부터 이동, 춤까지 선생님의 힘을 빌리지 않고 다른 학생의 움직임을 보면서 할 수 있었다.

그 밖에도 보통 2명이 하는 발표에서 짝인 학생이 결석해 혼자가 되어도, 부끄러운 기분을 참으면서 열심히 해냈다.

또한, 가정에서는 동생의 등교 준비를 돕는 등 형제로서의 자각이 생겨 학교뿐만 아니라 집에서도 성장한 모습을 많이 보였다는 이야기를 어머니는 웃으면서 해주었다. 어머니는 수학여행 후, 자신의 직장 일이 변경된 것도 털어놓았다. 아침 출근 시간이 바뀌어 아들의 기상 시간보다 빨리 집을 나가게 되어서 아들의 등교가 걱정이었다는 것이다. 지금은 쥰이 집을 나오는 시간대에 엄마가 집에 전화해 확인하면, 동생도 함께 준비를 마쳤다고 보고를 하기 때문에 안심하고 있다고 한다. 기상이나 아침 식사, 학교에 갈 준비를 포함해, 시간을 세세하게 나누는 연습을 했던 경험이 스스로 실시할 수 있는 습관으로 어느새 몸에 배어 있었다.

팀이 하나의 고리가 되어

쥰을 지지하는 선생님이나 보호자, 관계자를 포함한 멤버가 팀으로 모여 목표를 설정하고 공유함으로써 목표를 달성하기 위한 분위기 만들기를 각각 진행해나갈 수 있었다.

또한, 팀 회의를 통해 쥰의 특성으로서의 강점과 약점도 공유하여 쥰이 안심하고 보낼 수 있는 분위기와 활동을 제공할 수 있었다. 팀의 각각이 궁리를 거듭해 관여하는 것으로 쥰이 조기에 안심감을 얻어, 성장할 기회가 되었다고 생각한다.

유이마와루는 보호자나 학교, 학교사회복지사, 상담원과 연계하여 '친구 관계'나 '학교가 즐겁다는 생각을 기르고 싶다'라고 하는 '도달하고 싶은 교육'을 목표로 세우는 데 중점을 두었다. 이 목표를 이루기 위해서 팀이 하나의 원(고리)이 되어, 각각 할 수 있는 일을 맡으면서 연계를 이어갔다. 그 결과 쥰의 성장과 관련된 모든 사람이 동시에 임파워먼트를 가질 수 있었다고 생각한다.

앞으로도 함께 할 사람들의 생각에 더 가까이 다가가면서 함께 성장하고 싶다.

'친구와 함께' 하기를 바라는 아이

나카마 치호

혼자 묵묵히 종이 공예를 하는 아키라

친구들이 공부를 시작했는데도, 도움반의 방으로 꾸며진 바닥 공간에서 혼자 묵묵히 종이 공예를 하는 아키라(가명)를 만난 것은, 그가 5학년 2월의 무렵이었다. 친구가 공부하는 모습에 신경 쓰지 않고, "종이 울렸어"라는 선생님의 말에도 반응하지 않고, 아키라는 본격적으로 입체 자동차를 만들기 시작했다.

쉬는 시간이 되자 교실 아이들은 처음 보는 내게 말을 걸어왔다.

"누구세요?"

"이봐요, 이것 봐봐요. 나 이거 만들었어요."

그러나 아키라는 몸도 시선도 향하지 않았고, 외부인인 내게는 전혀 흥미를 보이지 않았다.

다음 시간, 그가 만들기를 하는 바닥 공간에서 만들기 수업을 하게 되었다. 아키라는 우루루 들어오는 4명의 친구와 책상에 펼쳐지는 보드게임 도구를 보더니 자리에서 뛰쳐나가서, 창의 가장자리에 뛰어올라 발꿈치를 들고 발가락만 디딘 채 모두의 모습을 바라보았다.

"들어오세요."

선생님이 아키라를 부드럽게 불렀다.

"거짓말쟁이! 바보야! 안 가!"

선생님의 목소리를 없애려는 듯 외치고 아키라는 그 자리에서 뛰쳐나갔다. 그는 맨발로 모래밭 옆에 혼자 쪼그리고 앉아 있었다.

첫 면담에서 엄마는 "학교에 폐만 끼치고 있어요. 방해하지 말고 참여하면 좋겠어요."

"이런 상황을 보여주기 부끄럽습니다. 정말 이대로 괜찮은 걸까요? 꼭 전문가의 지도를 부탁합니다"라고 말했다.

도움반 담당 선생님도 지금의 상황에 강한 불안감을 느끼는 듯했다.

문제에서 목표로

나는 선생님께 팀 회의를 제안했다.

"도움반과 원반 담임선생님도 꼭 참석해주세요. 그리고 아키라의 성장에 힘을 보태주실 분, 함께 고민하고 싶으신 분이라면 누구라도 참여해주시면 좋겠습니다."

이렇게 안내하고 첫 번째 팀 회의가 학교에서 열렸다. 이 회의에는 도움반과 원반인 5학년 2반의 양 담당, 담임선생님뿐 아니라 특수교육 코디네이터와 과학 전공 교사도 함께했다.

"5학년 2반의 일원으로서 아키라와 마주하고 싶은 마음은 있지만, 아무것도 할 수 없어서 죄송합니다." 원반 담임선생님도 도움반 선생님과 마찬가지로 불안감을 느끼면서도 지금의 상황을 바꾸고 싶다는 강한 의지가 있었다.

"여러분이 전달하고 싶은 것을 목표로 삼읍시다."

그렇게 시작된 회의는 선생님들이 그동안 정말 하고 싶었던 것, 마주하고 싶었던 것, 하게 하고 싶었던 것들로 희망이 넘치는 회의가 되었다. 그리고 3가지 목표가 만들어졌다.

목표 1. 시간표와 종소리 등의 규칙을 알고 늦지 않게 참여한다.

아키라는 시간표와 전혀 상관없는 생활을 하고 있었다. 하고 싶을 때 종이 공예를 만들고, 지루하면 멍하니 걷고, 가끔 선생님이 부르면 조금 따라 공부하고, 다시 제멋대로 걷기를 한다. 그 모습을 보고 선생님은 "아이들과 접점을 만들고 교류할 기회를 만들어 규칙을 의식하고 행동할 수 있도록 키우고 싶다"라고 말했다.

목표 2. 5학년 2반 친구들과 즐겁게 교류할 기회를 가진다.
목표 3. 5학년 2반 친구들과 아키라는 서로 배울 수 있다.

아키라는 도움반에 들어갈 수 있었지만, 5학년 2반에는 전혀 갈 수 없었다. 교실에 들어가도 금방 빠져나와 학교 운동장으로 도망쳐 버린다. 선생님은 "안전을 생각해서 억지로 데려오는데 그래도 되는지 불안하다"고 말했다. 하지만 선생님은 "수업이나 활동에 참여하지 못해도 괜찮다. 안심하고 학급에 있을 수만 있다면, 친구들과의 접촉에서 분명 많은 것을 배울 수 있을 것"이라고 하며 학급 친구들과 영향을 주고받는 환경에서 서로 배울 수 있기를 기대했다.

선생님들은 이 3가지 목표를 달성하는 것을 통해 '초등학교 졸업 때까지 친구들과 친하게 지내고, 서로 도와가며 수업이나 행사, 모임 활동에 참여할 수 있도록' 교육하고 싶다고 말했다.

'도달하고 싶은 교육'의 목표와 이를 실현하기 위한 팀 회의

3가지 목표를 이루기 위해 아키라가 왜 못하는지(문제점) 어떻게 하면 할 수 있는지(장점)를 알기 위해 학교생활을 관찰하는 것부터 시작했다.

하지 못해서 힘들어하는 것(문제점)

1. 할 수 있다는 예상, 문제가 생겼을 때 대응

아키라는 발끝으로 서거나 의자 위에 양 무릎을 벌리고 쪼그리고 앉는 자세를 취하는 경우가 많았고, 의자에 앉아 있어도 의자를 계속 삐

걱거리며 격렬하게 움직였다. 그런 모습에서 아키라는 자기 몸이 어떻게 움직이는지 잘 느끼지 못한다는 것을 알 수 있었다.

자신의 움직임을 알지 못하면 앞으로 할 일에 자기 몸을 어떻게 맞춰야 할지 상상하기도 어렵고, 행동 하나하나를 할 수 있을지 없을지 예측하지 못하고 살아왔다는 것을 알 수 있었다.

또한, 만약 실패하면, 문제가 생기면 어떻게 대처할지, 마음의 준비도 하지 못한 채 살아왔다는 것이다.

이렇게 아키라는 자신이 앞으로 어떤 행동을 해야 할지, 더 나아가 문제가 생기면 어떻게 대처할 수 있을지 모르는 상태였다. 그런 그에게 5학년 2반에서 수업과 쉬는 시간을 보내는 것은 무슨 일이 일어날지 모르는 세상에 뛰어드는 것이었고, 불안한 일이었다.

2. 눈으로 보고 상황 파악

아키라는 눈을 가늘게 뜨고 있는 경우가 많았고, 말을 걸어도 눈을 마주치지 못하는 경우가 많았다. 주변에서 친구들이 노는 모습을 눈으로 따라 보다가도 금방 다른 곳으로 시선이 돌아가 버린다. 그 모습에서 눈으로 무언가를 지속해서 바라보는 것[8]이 어렵다는 것을 알 수 있었다. 권유에 따라 훈련을 시작해도 시선이 금방 다른 곳으로 향하는 아키라에게 주변에서 기대하는 활동(특히 책상에 앉아서 하는 활동)에 시선을 맞추는 것은 매우 힘든 일임을 알 수 있었다.

---

8 추시(追視). 시각 추적이라고도 함. 눈이 일정하게 특정한 것을 고정해서 따라 보는 것_옮긴이

3. 친구들과 활동 공유

친구들이 갑자기 무엇을 할지 모르겠고, 친구들과 함께 놀고 싶어도 자신을 맞추지 못한다. 서 있는 것을 싫어하는 아키라에게 친구와 함께 무언가를 하는 것은 매우 불안한 일이었다. 그래서인지 오래 할 수 있는 활동을 하지 못하고, 수업에 참여하지 못하는 경우가 많았다.

잘할 수 있는 것(장점)

사실 아키라는 잘할 수 있는 것도 많았다.

1. 사실은 기대에 부응하기 위해 노력하고 있다

아키라는 무질서하게 생활하는 것처럼 보였지만, 어떤 활동에 몰두하지 않는 한 선생님의 목소리에 귀를 기울이고 반응하려고 노력했다.

선생님이 프린트를 풀라고 하면 듣지 않는 척하다가 선생님이 "그럼 선생님이 풀어줄게"라고 하며 문제를 풀기 시작하면 달려와서 의자 위에 발끝을 세우고 앉아서 풀려고 했다.

과학 시간, 선생님이 "과학실 안 갈래? 같이 가자!"라고 해도 "안 가!"라고 말했다. 안 가겠다고 했지만, 선생님이 "그래, 안 갈 거구나"라며 교실을 나가자 아키라는 선생님 쪽을 쓸쓸하게 바라보았다.

2. 친구들과 놀고 싶다! 2반에 가고 싶어요

친구들과 활동을 공유하는 것을 어려워했지만, 가끔 장난을 치기도 했다. 친구들을 화나게 하기도 하면서 그 순간을 즐기는 것 같았다.

3. 사실은 듣고 있다, 사실은 안테나를 잔뜩 세우고 있다

아키라는 말을 듣지 않는 것 같기도 하고, 친구를 무시하는 것 같기도 했다. 하지만 선생님들은 "전혀 듣지 않는 것 같지만, 잘 듣는 경우가 많아요"라고 말했다.

어느 날 쉬는 시간에 한 친구가 선생님에게 장난감 총을 겨누고 "강도다"라고 말하며 장난을 치고 있었다. 선생님이 "선생님은 별로 좋아하지 않는 놀이야"라고 꾸짖었지만, 그 아이는 멈추지 않고 "강도야"라고 계속 말했다. 그러자 멀리서 종이 공예를 하던 아키라가 쏜살같이 다가와 장난감 총을 빼앗아 버렸다. 아키라가 주변에서 일어나는 일을 제대로 보고 있다는 것을 알게 된 순간이었다.

팀 회의

아키라가 할 수 있는 것과 할 수 없는 것을 모두 공유하자, 선생님은 웃으며 "그래요. 그렇다면 좋은 아이디어가 있어요"라며 멋진 아이디어를 팀원들에게 제안했다.

실현을 위한 노력과 성장

두 담당 선생님들이 함께한 교실의 자리 만들기

3월이 되어 처음 만난 날, 아키라는 5학년 2반 교실에 앉아 있었다. 아키라가 앉은 곳은 아키라의 전용 공간으로 교실의 3분의 1에 걸쳐 펼쳐진 커다란 골판지 위였다.

그곳에는 선생님이 아키라를 위한 공간으로 마련한 종이 공예의 세계가 있었다. 골판지 위에는 도로 선이 그려져 있고, 작은 문과 자동차, 건물 등 모두 종이로 만든 입체적인 도시가 펼쳐져 있었다.

"이건 아키라가 좋아하는 게임 속의 차이나타운 거리예요."

선생님은 미소를 지으며 설명했다. 그리고 이 공간을 마련한 이유를 알려주셨다.

선생님은 아키라의 기대에 부응하고 싶고, 친구들과 교류하고 싶은 마음이 있는 것, 그리고 안테나를 세우고 배우려는 힘이 있기 때문에 어떤 형태로든 교실에 있을 수 있는 공간이 중요하다고 생각했다. 그리고 친구들과의 교류가 불안하다면 아키라가 안심할 수 있는 활동부터 시작하면 좋겠다는 생각에 종이 공예 공간을 만들었다.

"다른 아이들의 반응은 괜찮았나요?"

"우리 반 아이들은 괜찮을 거라고 판단했어요."

반 아이들을 잘 아는 담임선생님이기에 가능한 기획이라고 느꼈다.

장소로부터 시작되는 아이들 간의 연결

학급에 마련된 공예 공간에 대해 '아키라에게만 해주어 불공평하다'는 등의 불만을 토로하는 아이는 없었다.

오히려 반 아이들은 "이거 뭐야?", "여기 두어도 돼?", "여기에 이거 두어도 돼?"라고 흥미를 보이면서도 너무 가까이 다가가지 않는 절묘한 거리감을 유지하면서 아키라에게 말을 걸기 시작했다. 아키라도 "놔둬도 돼"라고 하며 조금씩 친구들과 교류하기 시작했다. 곧 그 공간에 친구가 들어오는 것도, 친구가 가져온 건물을 놓는 것도 받아들이면서 공예 공간에서 지낼 수 있게 되었고, 5학년 2반에 머무는 시간이 점점 늘어났다.

또한, 전용 공간을 청소하는 것으로 교실 청소에도 참여하게 되었다. 선생님의 권유에 따라 다른 곳의 청소도 조금씩 할 수 있게 되었다. 그러면서 사회나 영어 수업에서는 전용 공간에서 수업 내용에 조금씩 반응하고, 가끔 발표하는 모습도 볼 수 있었다.

종이 공예의 세계를 벗어나 학급 활동으로

5학년 마지막 학년 합동 놀이회. 아키라는 "무서운 책을 만들고 싶어요. 모두를 놀라게 하고 싶어요!"라고 도움반 선생님에게 말했고, 책을 만들게 되었다. 아키라는 '한자를 쓰고 싶다'며 평소에 잘 쓰지 못하는 한자도 선생님께 물어보면서 썼다.

당일, 학급에서 열린 놀이회를 위해 둘러앉은 원 안에 아키라가 있었다. 완성된 무서운 책과 종이 공예가 담긴 작은 상자를 들고 있었다. 처음에는 놀이에 신경 쓰지 않고 상자 안의 공작을 만들고 있었지만, 친구들의 즐거운 목소리와 발표가 신경 쓰였는지 가끔 공작 중인 손이 멈췄다.

"자, 그럼 퀴즈를 내볼까요!"

사회자 여자아이가 힘차게 내는 문제에 아이들은 일제히 손을 번쩍 든다. 그러자 아키라도 살짝 손을 들었다. 그 모습을 본 아이들은 "맞혀봐!"라며 웃으며 기뻐했다. 아키라는 문제와는 다른 대답을 조심스럽게 말했지만, 아이들은 정답인지 아닌지보다 아키라가 참여했다는 사실에 기뻐하며 일제히 박수를 쳤다.

그 박수 소리를 들은 아키라는 표정이 확 밝아지며 교실 앞으로 달려갔다.

"얘들아, 지금부터 무서운 이야기를 들려줄게!"

큰 소리로 시작한 아키라가 직접 만든 책 읽어주기는, 종이 공예 세계에서 만난 2반 친구들도, 놀이회에서 만난 같은 조의 친구들도 함께 참여하며 5학년 전원이 웃는 모습으로 막을 내렸다. 선생님이 전달하고 싶었던 '초등학교를 졸업할 때까지 친구들과 사이좋게 지내고 서로 도와가며 수업과 행사 활동에 참여할 수 있다'는 목표가 하나하나 빛나기 시작했고, 친구들과 함께하는 즐거움을 알게 된 아키라는 6학년으로 진급했다.

아키라와 6학년 1반

6학년 1반이 새로 편성되었다. 개학식 날, 아키라는 체육관에서 수업 대기 줄에 서 있었다. 처음에는 참여하지 못할 거라며 서서히 수업에 익숙해지면 좋겠다고 말했던 교사들은 그 모습에 깜짝 놀랐다.

개학식이 끝나고 친구들이 모두 교실로 들어가는 동안 아키라는 교실 앞에 멈춰 서서 복도를 서성거렸다. 역시 새로운 교실에 긴장한 모양이었다. 잠시 후, 교실 맞은편에 있는 열린 공간에서 가위와 풀, 연필을 들고 교실을 향해 힘차게 뛰기 시작했다. 그러고는 교실 입구를 높이 뛰어넘으며 들어갔다.

그 모습은 바로 불안을 뛰어넘어 희망이 느껴지는 교실로 뛰어 들어가려는 그의 마음을 표현한 것이었다. 그렇게 새로운 선생님과 작년에 함께 했던 든든한 친구들, 앞으로 활동을 통해 관계를 맺고 싶은 친구들에 둘러싸여 아키라의 6학년이 시작되었다.

그 후 6학년 1반에서 아키라는 다양한 활동을 통해 성장했다. 그리고 아키라와 만난 아이들에게도 의미 있는 교육이 전해지는 일 년이 되었다.

희망의 기수

6학년 운동회에서는 전통 북치기를 선보이게 되었다. 오른쪽으로 왼쪽으로 회전하고, 팔다리를 크게 흔들며 북을 두드리며 춤을 추는 북치기는 아키라에게는 매우 어려웠다. 그래도 참가할 수 있도록 지원하는 팀 회의를 열었고, 아키라는 모두의 중심에서 하늘을 향해 깃발을 높이 들어올리는 기수 역할을 맡게 되었다. 교장 선생님이 멋진 깃발을 준비해주었다. 부끄러움과 불안함에 일부러 깃발을 옆으로 휘두르는 아키라에게 선생님도 친구들도 응원하며 열심히 가르쳐주었다.

운동회 당일, 아키라는 모두의 중심에서 깃발을 높이 들고 춤을 출수 있었다.

생애 첫 수학여행

학급에서 하나하나 세세하게 활동을 공유한 선생님과 6학년 아이들은 수학여행을 떠났다. 처음 가는 곳, 처음 하는 활동, 모든 것이 긴장되고 불안한 가운데 아키라가 참가했다. 안정되지 않는 몸과 마음으로 친구들과 줄을 서서 이동하면서 때때로 조금 벗어났지만, 너무 멀리 벗어나지는 않았다. 불안해서 하지 않으려 했던 활동도 결국 마무리를 할 때는 모두의 안에서 참여하고 있었다.

수학여행을 마치고 돌아온 선생님들과 교장 선생님이 웃으며 말씀하셨다.

"정말 성장을 느낄 수 있는 수학여행이었어요. 아키라도 그리고 6학년 아이들도요. 아키라가 뛰어나가거나 불안해서 들어가지 못하는 모습을 보고 아키라를 따라가는 것은 모두 아이들이었어요. 도와주겠다거나 그런 자세가 아니었어요. 마치 당연하다는 듯이, 절묘한 타이밍에 부드럽게 끌어들였고, 그렇게 끌어들일 수 있는 아이들의 마음가짐이 정말 놀라웠어요. 아이들의 그런 성장 배경에는 아키라가 있었기 때문이라고 생각해요."

친구들과 친하게 지내고, 서로 도와가며 수업과 행사 활동에 참여할 수 있었던 아키라는 이 학교의 친구들, 선생님들과 함께 곧 졸업을 앞두고 있다.

Part 2

작업치료를 전하겠다고
생각한 계기와 만남

학교에 작업치료를
전달하고 싶다

'검사를 받지 않으면 안전하게 보육할 수 없다'는 말을 듣고

오랫동안 병원에서 작업치료사로 일하던 나는 엄마가 되고 첫째가 1살이 되어 육아의 어려움과 즐거움을 알게 되었을 때, 어느 날 어린이집에서 방문해줄 것을 요청받았다. 그리고 그곳에서 내 아이가 다른 아이들과 다른 점을 들으며 발달검사를 권유받았다.

아들은 바람에 흔들리는 나뭇잎을 계속 바라보는 것 같은 아이였고, 집단으로 떠들썩하게 노는 것보다 조용한 곳에서 노는 것을 더 좋아했다. 어린이집에서 들었던 말이 기억에 남는다.

'검사를 받지 않으면 안전하게 보육할 수 없다.'

'전문적인 정보가 없으면 두렵다.'

선생님들의 입에서 나오는 말에 가슴이 조여오는 느낌이었다. 당시에는 육아라는 생애 첫 '작업'에 시행착오를 겪고 있던 때라 갑작스러운 선생님들의 말에 혼란스러워 차분하게 상황을 파악하지 못한 것도 그 감정에 휩싸인 요인이었던 것 같다.

하지만 당시 '작업과학'이라는 학문을 접하고 작업치료의 새로운 관점과 사고방식에 감명을 받아 매사를 작업과학적 관점에서 생각하는 경향이 있던 것이 도움이 되었다. '왜 선생님들은 두려워할까?', '어떻게 하면 좋을까?', '왜 발달검사가 없으면 보육을 할 수 없는 걸까?' 등 여러 가지 의문이 생겨서 지역 내 육아를 하는 엄마들의 이야기를 들었다. 그제야 비로소 내가 느낀 불안과 분노가 나만 느끼는 것이 아니라 어린이집, 초등학교 등 다양한 보육과 교육 현장에서 똑같이 힘들어하는 부모가 많다는 것을 알게 되었다.

'이런 불안감을 가지고 있으면 안 되겠다! 아이의 가능성을 지역에서 키우기 위해, 부모가 안심하고 육아를 할 수 있도록 작업치료를 활용할 수 있을 것이다!'

나는 회사의 내 책상에 '아이들이 자기 능력을 최대한 발휘하고 성장할 수 있는 사회를 만들겠다!'라는 문구를 붙이고 학교에 작업치료를 전달하기로 결심했다.

타이라 미즈에 교장 선생님과의 만남

처음 문을 두드린 곳은 긴조정 지역의 초등학교였다. 어린이집부터 시작할까도 생각했지만, 중요한 것은 교육이라는 생각에 초등학교에 먼저 가기로 했다.

"교사들에게 장애나 진단이 아니라 아이의 힘을 끌어내는 방법을 알려야 한다."

당시에는 나 자신의 경험이 원동력이었기 때문에 '부모를 위해, 아이를 위해, 학교를 바꿔야 한다'는 사명감이 있었던 것으로 기억한다.

친척이 당시 카에 초등학교 교장 선생님과 친분이 있는 것을 계기로 인연이 닿아 설명을 들으러 가게 되었다. 그곳에서 만난 타이라 미즈에 교장 선생님으로부터 학교의 내부 상황과 규칙, 문화뿐만 아니라 교사들의 생각과 교육의 매력도 배울 수 있었다. 그 영향을 받아 학교 작업치료에 대한 내 관점이 크게 바뀌었다.

"교사가 자신감을 가지고 교육할 수 있다면, 장애의 유무와 관계없이 모든 아이는 반드시 건강하게 자랄 수 있다."

타이라 선생님의 이 가르침은 현재 내 학교작업치료의 중심이 되었다. 타이라 선생님의 교육관으로부터 배운 것들은 아이들의 특성에 맞게 학교 환경을 만들려는 내 개인적 관점을 '도달하고 싶은 교육'(교사의 작업)의 실현을 위한 관점으로 크게 변화하는 기점[9]이 되었다.

---

9   저자는 학교작업치료는 작업치료사라는 전문가가 문제를 해결해주는 전문가 중심의 관점이 아니라, 교육전문가인 교사가 학생을 이해하고 전문성을 발휘하도록 교사의 작업 중심으로 관점이 전환된 점을 강조한다._옮긴이

처음에는 받아들여지지 않았던 작업치료

2009년 당시에는 2007년 4월에 문부과학부에서 특수지원교육 추진에 대해 각 도도부현 교육위원회에 통보한 지 얼마 되지 않아 학교 현장에는 아직 특수교육(장애의 종류와 정도에 따라 교육의 장을 마련하고 그곳에서 세심한 교육을 효과적으로 실시하는 것)의 문화가 남아 있었다.

지금은 주되게 자리 잡은 SSW(School Social Worker)나 SC(School Counselor)도 모든 학교에 배치되어 있지 않고, 외부 전문가가 학교에 방문하는 것은 이례적인 일이라는 분위기였다. 타이라 선생님과 각 교실을 돌며 담임선생님들에게 설명했지만, 교사들은 자신이 평가받는 것에 대한 불안감이나 자신의 교육이 부족해서 도입되는 것이 아닌가 하는 불안감 때문에 작업치료사에게 협조를 요청하는 것은 물론이고, 교실에 들어가거나 수업을 참관하는 것조차도 거부하는 분위기였다.

타이라 선생님의 배려로 여러 기회와 교내 연수에서도 전달할 기회를 얻었지만, 당시 나는 학교의 문화도 언어도 배우지 못했고, 작업치료의 관점과 그 언어로 전달한 내 마음이 선생님들의 마음에 가닿지 않았다.

교무실 한구석에 자리를 마련했지만, 의뢰도 상담도 없는 하루하루가 불안했다. 교장실에서 매일 맛보던 타이라 선생님의 커피가 내일은 반드시 전달될 것이라는 마음을 지속할 수 있는 원천이었다.

카에 유치원에서 시작

오키나와의 공립 초등학교는 대부분 유치원이 인접해 있고, 교장 선생님이 유치원 원장을 겸임하는 경우가 많았다(2009년 당시). 카에 초등학교에 인접한 카에 유치원 담임선생님으로부터 처음으로 '의뢰하고 싶은 아이가 있다'는 상담 요청이 있었다. 나와 타이라 선생님은 뛰어올랐을 정도로 기뻤던 기억이 난다.

당시 유치원 선생님과 함께 방문이 시작되었다(24쪽 참조).

선생님의 '도달하고 싶은 교육'의 실현을 위해 학교와 가정이 협동적으로 노력함으로써 아이 자신의 성장뿐만 아니라 아이와 관련된 모든 사람(교사, 반 친구, 보호자)의 성장에 영향을 미치고, 다양성 넘치는 아이들이 함께 배움으로써 교육이 더욱 풍요로워지는 경험을 선생님들과 공유할 수 있었다.

이 경험을 통해 나는 '도달하고 싶은 교육'에 초점을 맞춘 학교작업치료를 구축해나가기로 결심했다. 작업치료사 양성학교에서 강의하고 있었기 때문에 이 활동을 시작할 때부터 작업치료 전공 학생들에게도 언젠가는 학교에 작업치료사가 들어올 수 있는 시스템을 만들고 싶다고 계속 이야기했다. 현재 함께 일하는 스태프 중 상당수가 이 학교 졸업생이기도 하다.

지원이 필요한 것은 우리 자신임을 깨달은 만남

타이라 미즈에(前 카에 초등학교 교장)

치호 선생을 처음 만난 것은 2008년도 학기 말이 다가오던 3월 5일이었다. 친척 중 교육위원인 이게이 선생이 치호 선생을 소개하며 류큐재활전문학교 작업치료과의 교수로, 작업치료적으로 교육 현장과 관계를 맺고 싶은 이유 등을 말해주었다.

아동과의 관계는 교장, 담임, 교직원 전체의 조정이 필요하다. 학기 말은 일정에 빠듯해서 함께하기가 어려웠기 때문에 학기가 끝난 후 답장을 보내기로 했다. 이듬해 4월 2일에 재방문한 선생으로부터 작업치료적 입장에서 발표하는 내용을 정중하게 들을 수 있었다.

전년도까지 나하시 교육위원회에서 특수지원교육 담당 주무관으로서 의사, 교수, 임상심리사, 언어청각사, 물리치료사 등과 연계하여 각 초 · 중등학교의 지원이 필요한 학생들에게 대응해왔지만, 작업치료사와는 처음이었다. 한 번의 설명으로는 무엇을 어떻게 그려나갈지 전혀 그림이 그려지지 않는 상태에서 치호 선생의 확신 있고 빛나는 미소에 이끌려 일을 진행하기로 했다. 하지만 교장이 동의한다고 해도 담임교사에게 아동 관찰이라는 형태로라도 교실에 개입하는 것을 허락하기는 쉽지 않아 시작하는 데는 어려움이 있었다. 그해 동학교 병설 유치원(교장이 원장을 겸임하는)에 지원인력을 배치받고 입학한 장애 아이가 있었다. 입학식 전에 친해지고 싶어서 말을 걸었지만, 대답이 없을 뿐 아니라 눈도 마주치지 않고 언어가 통하지 않는 세계에 있는 것 같았다. 반 친구들과 교류하는 모습도 없이 개별적으로 행동하는 모습을 보였다. 내가 지원인과 논의한 것은 등원하면 안전을 위해 즉시 문을 닫아주자는 것이었다. 이 아이의 지도 계획을 어떻게 그려야 성장에 도움이 될지 정하지 못한 채 입학하고 교육을 시작했다.

여기서 치호 선생과의 만남이 시작되었다.

선생의 개입으로 상황이 급변했다. 선생의 관찰과 그 조언에 담임과 지원인 2명이 움직였고, 그 아이는 자신의 청소 분담을 인식하고, 반 친구들과 함께 활기차게 바닥을 닦고, 함께 급식을 먹고, 상주하시는 보안관 아저씨에게 친구들과 함께 인사를 드리러 가는 등 생각지도 못한 일들을 해나갔다. 선생이 내용을 자료로 공유해줄 때마다 담임과 지원인 모두 눈물이 났다.

이 아이는 운동회에도 생활발표회에도 졸업식에도 모두와 함께했다. 선생의 다양한 노력과 대책의 성과였다. 졸업식은 다른 유치원에서 자기 손자도 졸업식을 하지만 그것은 나중에 비디오로 보고, 이 아이의 졸업식에 직접 참석해주신 경비 보안관 분들까지 따뜻하게 지켜

봐 주는 가운데 치러졌다.

치호 선생은 이 아이가 1학년이 된 이듬해에도 카에 초등학교의 많은 아이와 교사, 학부모의 상담을 하기 위해 자신의 연차, 출산휴가를 모두 사용하며 응대해주었다.

이 극적인 이야기를 우리끼리만 공유하는 것이 아까워 아이의 보호자에게 동의를 얻고 카에 지역의 교사연수, 학부모 교육, 긴조 지역 교육위원회 주회 유 · 초 · 중 교사합동연수, 구니가미 지역구 특별지원 교육강연회 강의도 부탁했다. 선생은 원래 담당인 교수 업무와 병행해서 이 연수와 강연을 맡아주었고, 강연에서 늘 참석자들의 박수갈채를 받았다.

생각해보면, 도움이 필요한 것은 아이들이 아니라 우리였다. 치호 선생의 마법의 지팡이 한 번으로 눈이 열리고, 귀가 열리고, 들리지 않던 말이 들리고, 보이지 않던 생각이 보이게 되었다. 치호 선생의 힘은 그들이 아니라 우리 한 사람 한 사람에게 필요한 것이었다. '장애'라는 단어에 대해 다시 한번 깨닫게 해준 만남이었다.

마법사의 이 마법이 많은 사람에게 널리 퍼져나가길!

확대되기 시작하는
작업치료사의 학교 방문

정기적인 학교 방문을 시작하다

2010년 여름방학, 긴조의 유 · 초 · 중학교 합동 연수에 강사로 초빙되었다. 그곳에서 유치원의 노력을 통해 다양한 아이들이 함께 배우면 교육이 더욱 풍요로워진다는 것을 알렸다. 그리고 작업치료사의 학교 방문이 그 실현에 기여할 수 있음을 전했다.

당시 발표는 아직 교사들의 마음을 사로잡기에는 부족했고, 연수 후 "당장 활용할 수 있는 기술을 알려주면 좋겠다", "교사들은 시간이 없다. 장애를 구분하고 대응하는 방법을 알고 싶었다"는 등의 소감을 들을 수 있었다. 그런 가운데 일부 교육관계자로부터 '흥미로운 관점이라고 생각한다', '긴조 지역에서 계속 진행하면 좋겠다'는 의견도 들을 수 있었다.

그 후, 타이라 미즈에 교장 선생님의 권유로 오키나와현에서 열린 여성 대회에서 이 활동을 발표했다. 그 대회에서 현 교육감상을 수상한 것도 계기가 되어, 긴조 지역에서 정식으로 작업치료사의 정기 학교 방문이 시작되었다.

다양한 지역으로 확산

이와 동시에 '교사의 도달하고 싶은 교육의 실현을 위해 협동적으로 노력하는 팀 접근법'과 '다양성이 넘치는 아이들이 함께 배우면 교육이 더욱 풍요로워진다'는 개념을 긴조 지역 이외의 교육위원회나 학교에 실천을 통해 직접 전달하는 활동을 시작했다.

온나촌에서는 보건교사가 마을의 육아 사업에 작업치료사를 참여시키도록 지역사무소와 협업하여 지역의 '이루카 클럽'이라는 곳에서 활동을 시작했다(2012년 4월). 그뿐만 아니라 이 보건소와 온나촌 지역사무소의 배려로 마을 보육원에 보건사 · 심리치료사와 작업치료사가 팀이 되어 순회 상담할 수 있는 시스템이 만들어져 보육원 정기 방문을 시작했다(2012년 4월~2016년 3월).

2012년 6월 우루마시 장애복지과로부터 '우루마시에서도 추진해달라'는 연락을 받고 시민 강연회(2013년 3월)를 실시했다. 그 외에도 우루마시의 초 · 중학교의 교내 연수나 가족 지원 연수의 강사, 우루마시 자립지원협의회 참가 등 다양한 입장의 사람들과 연결하여 활동해왔다. 우루마시에서의 활동은 마을의 시스템을 비롯해 보호자, 행정, 학교 등 다양한 입장의 사람들의 실천과 생각을 배우는 기회가 되었다.

같은 해, 나하시 메이카 초등학교에서 교과연구의 일환으로 방문을 실시하고, 그 활동을 교사들과 공동연구로 발표했다. 요미탄 지역에서는 교육위원회 위원들과 함께 초등학교와 유치원을 방문하고, 특수지원교육 코디네이터 연수의 강사를 다수 맡는 등 교육위원회의 기획으로 방문과 연수에 참여했다.

이렇게 2012년부터 점차 확대된 지역과 활동 내용은 유이마와루의 학교 방문을 위한 기반이 되었다.

ADOC 프로젝트와의 만남

이 당시에는 나의 실천도, 학교작업치료의 개념도 아직은 미숙한 단계였다. 그때 같은 직장의 작업치료사의 소개로 가나가와현립 보건과학대학 부교수(2013년 당시)이자 작업치료사인 토모리 고노스케 교수를 알게 되었고, 토모리 교수가 개발 중이던 목표 설정 애플리케이션 ADOC[10]의 아동 버전인 'ADOC for School'의 연구개발에도 참여하

---

10 Aid for Decision-making in Occupation Choice: 당사자의 작업목표 의사결정을 돕고 소통을 촉진하는 iOS용 애플리케이션. 재활치료용, 손재활용, 아동학교용이 있다. 교육 · 의료 · 복지 영역의 다양한 사람들이 의미/ 목적 있는 일상 활동인 작업을 통해 사회적 참여가 가능하도록 지원하고자 작업치료 연구자, 임상가, 엔지니어가 함께 조직한 ADOC 프로젝트에서 개발했다. 성인용은 한글이 지원되며, 일러스트는 홈페이지에서 내려받을 수 있다._옮긴이

게 되었다(https://s.adocproject.com/).

이 경험은 팀에서의 목표 설정과 공유의 중요성(146쪽 참조)을 이해하는 계기가 되었다. 또한, 지금까지 경험하고 형성해온 학교작업치료에 대해 왜 이 관점과 프로세스가 중요한지 말로 표현할 수 있게 되었고, 내 활동을 작업치료사들에게도 알릴 수 있게 되었다.

출산휴가를 활용한 연구

둘째 아들의 출산휴가를 계기로 학교 방문을 좀 더 자주 할 수 있게 되었다. 임신 중에 방문했을 때나 산후에 아들을 안고 방문했을 때나 그동안 자원봉사로 인연을 맺은 학교 현장 교사들의 반응은 모두 따뜻했다. 때로는 3개월 된 아들을 데리고 수업에 참여하기도 하고, 교장 선생님과 함께 교정을 산책하기도 하는 등 당시에는 정말 여러 선생님의 도움을 받았다.

이런 따뜻한 환경에서 학교와 교육기관 현장에서 '도달하고 싶은 교육'에 초점을 맞춰 학교와 가정이 협력적으로 팀으로 진행하는 학교 작업치료의 효과 검증을 진행할 수 있었다. 자원봉사자라는 입장은 경력으로 쌓이지는 않지만, 위치상 다양한 사람들로부터 조언과 피드백을 받을 수 있다. 그중에서도 현재 내게 큰 영향을 끼친 타이라 교장 선생님의 조언은 학교작업치료에서 중요한 학교의 규칙과 문화를 배우는 기회가 되었다.

학교 운영의 관점에서 담임교사의 부담과 건강을 고려하면서 아이들의 교육과 성장을 지원하는 교장 입장에서의 조언은 현직 교사들의 정신적 부담을 고려한 방문 형태로 이어지게 했다.

교사들이 많은 업무에 쫓기고 있다는 것도 알게 되었다. 실제로 통신부 등을 모두 열람해보고 나서는 너무나 업무가 많다는 것에 놀랐다. 아이들의 사회적 문제(왕따, 부등교 등)를 마주하는 교사들을 지원하기 위해 많은 서류가 중요하다는 것도 알게 되었다.

유이마와루의 기록이 구체적인 교육 목표에 대한 단계별 노력과 그 절차를 구체적으로 문서화하도록 갖추고 있는 것도 다양한 상황에서 교사들이 문서(정보)를 활용할 수 있도록 배려한 것이다. 그것이 교사의 임파워먼트로 이어진다는 것을 배웠기 때문이다.

2009년부터 시작한 자원봉사자로 방문한 학교는 21곳이다. 106명의 아이를 대상으로 방문을 실시해 효과를 검증했다. 이 경험은 현재 학교 방문의 밑거름이 되고 있다.

작업치료사에 의한
학교 방문 전문사업소

'어린이집 등 방문지원사업'과의 만남

원래 회복기 재활전문병원에서 6년간 근무했던 나는 육아를 계기로 작업치료사 양성학교인 '류큐재활전문학교'에서 학생들에게 작업치료를 가르치는 일을 하고 있었다. 양성학교에서 일하던 시기에 자원봉사[11] (일부 지자체와 위탁계약)로 시작한 학교 방문은 하면 할수록 그 필요성을 느꼈고, 학생들에게도 언젠가는 필요하게 될 직종으로서 그 매력을 전달해나갔다. 점차 본격적으로 학교작업치료를 하고 싶다는 생각이 들었고, 7년간 몸담았던 양성학교에서 퇴직했다. 3일 후 중부

---

11 일본의 자원봉사는 자발성과 공공성을 지향하며 1995년 한신대지진 이후 활동요구가 급증하여 자원활동 그룹이 NPO 법인을 조직하는 수준에 이른다. 봉사 이상의 자발적인 활동을 의미하여 봉사와 구분하여 볼런티어(Volunteer, ボランティア) 외래어 그대로 사용한다. 본서에서는 자원봉사로 번역했다._옮긴이

권역 코디네이터로부터 지금까지 해온 학교 방문 기술을 지역에 활용하면 어떻겠느냐, 보육소 등 방문지원사업이 적합하지 않겠느냐는 조언을 듣고 창업을 생각하게 되었다.

당시 '어린이집 등 방문지원사업'을 활용해 학교 방문을 본격적으로 시행하는 사업장은 거의 없었다. 회사를 설립하는 것 자체에 대한 확신도 없었고, 고민이 많았다. 그동안 함께 일했던 현장 교사들과 구청 관계자들과도 상의하고, 그동안 인연을 맺은 분들과 7년간의 방문 경험을 바탕으로 해보자고 결심하게 되었다.

아동상담지원센터 유이마와루 설립

2016년에 작업치료사에 의한 학교 방문 전문사업소인 '아동상담지원센터 유이마와루'를 설립했다.

오키나와현에서는 '어린이집 등 방문지원사업'의 활용 자체가 적고, 상담지원전문가(아동복지서비스를 활용할 때 필요한 서비스 이용계획을 작성하는 상담원)조차도 '어린이집 등 방문지원사업'을 모르거나 활용해 본 적이 없는 사람이 많았던 당시, 아동상담지원사업도 병행하여 시작하게 되었다.

어느 지자체도 '어린이집 등 방문지원사업'을 경험한 적이 없었다. 그래서 각 지역에 설명하러 다니는 게 일상이었다. 복지과에는 서비스의 흐름과 기대효과, 학교와의 관계 구축 등 학교(교육)와 복지의 연

계에 대한 설명이 필요했다.

학교에 복지서비스를 들여도 괜찮을지에 대한 불안감은 어느 지자체나 마찬가지였다. 하지만 유이마와루의 어린이집 등에 대한 방문지원 스타일은 학교 교육 속에서 성장한 작업치료였기 때문에 설명을 통해 불안감을 '꼭 해보자'는 마음으로 바꿀 수 있었다.

당연히 각 학교에 대한 설명도 필요했다. 특수교육이 제도화되면서 학교 내에서 전문가를 활용하는 것이 익숙해지고 있었지만, '작업치료사는 처음'이라는 말을 듣고 교장, 교감, 특수지원 코디네이터, 담임이 참석한 가운데 학교 방문에 대한 설명을 반복했다.

당시에는 도입에 대한 불안감으로 학생을 지원하는 작업치료에 대해 설명하는 시간조차도 가질 수 없었지만, 지금은 교장이나 교감으로부터 '보호자에게 연결해주고 싶다'는 상담이 들어올 정도로 학교 측과 관계를 잘 맺어가고 있다.

지역으로 확산하기 위한 활동

상담지원 전문요원으로서 복지서비스 문화 만들기

'어린이집 등 방문지원사업'은 2012년 아동복지법이 일부 개정되면서 신설된 사업이다. 하지만 학교로 찾아가는 복지서비스 제공은 학교 현장에서는 쉽지 않은 일이고, 그 이용 현황은 매우 열악했다.

이 상황을 방과후 등 아동돌봄서비스와 비교하면 다음의 표와 같다.

'어린이집 등 방문지원사업'의 사업장 수는 점차 증가하고 있지만, 실제 운영되는 사업장은 2014년 9월 기준 714개소 중 375개소로 절반 정도에 불과하다. 또한, 1개월 이용률은 1인당 1.4회였다.

이러한 상황을 파악하고 있던 오키나와현 장애인복지과 사업지도 지원반 담당자도 "어린이집 등 방문지원사업만으로는 회사를 운영하기 어렵습니다. 우리는 모처럼 오키나와현을 위해 설립된 사업장이 없

전국 어린이집 등 방문지원사업과 방과후 등 아동주간활동서비스 사업소 수

	2011년	2012년	2013년	2014년
어린이집 등 방문지원	240	415	550	714
방과후 등 아동주간활동 서비스	3,107	3,909	5,267	6,971

2014년 9월 전국 어린이집 등 방문지원사업과 방과후 등 아동주간활동서비스 이용자 수

이용한 사업소 수	이용 실인원	이용자 1인당 월 이용 횟수
375	1.4회	2,326인
5,444	6.6회	124,001인

어지지 않고 사회에 기여하게 하는 데도 책임이 있으니, 아동주간활동
서비스를 병행하는 것이 어떨까요?"라고 조언해주었다.

　나는 그동안의 학교 방문 경험을 통해 학교 현장에는 분명히 요구가
있다는 점을 알았고, 학교에 전문가가 들어올 때 교사가 왜 불안한지,
교육 현장의 요구가 무엇인지 파악하고 있었기 때문에 실패하지 않을
자신이 있었다. 그래서 꼭 어린이집 등 방문지원사업만 하고 싶다고
요청했고, 무사히 심사를 통과했다.

　하지만 지금까지의 봉사활동 방식과 다른 복지서비스로서 학교 방
문을 한 경험이 없었다. 그래서 복지 문화를 배우기 위해 중부권역 코
디네이터를 여러 번 찾아갔다.

　그때 복지서비스로서 학교 방문을 실현하기 위해서는 상담지원 전
문요원이 핵심이라는 것을 알게 되었다. 복지서비스는 보호자가 이용

하고 싶을 때 동사무소에 신청하는 것뿐만 아니라 상담지원 전문요원에게 이용할 복지서비스의 종류와 횟수, 목적 등을 정리한 서비스 이용계획서를 작성해달라고 해야 한다.

서비스 이용계획서는 목표하는 아이의 삶을 명확히 하고, 그 실현을 위해 어떤 복지서비스와 지역자원을 활용하고 팀을 구성할 것인지에 대해 제시하는 역할을 한다.

당시 서비스 이용계획서는 문제 해결 지향적인 것이 많았고, 그 여러 문제 중에는 가정의 문제나 학교에서는 해결하기 어려운 문제도 있었다. 그 계획서에 어린이집 등 방문지원사업을 추가하여 '학교와 연계'라고 계획할 경우, 학교는 가정의 상황 등 교육에서 개입하기 어려운 부분도 팀으로 공유해야 하는 등 학교 측에서 불안해할 만한 요소가 많았다.

또한, 2012년도부터 시작된 '어린이집 등 방문지원사업'이 오키나와현에서도 잘 확산되지 않은 상황으로 '학교에 들어가기 어렵다', '학교에 들어가는 어린이집 등 방문지원사업을 어떻게 서비스에 포함해야 할지 모르겠다'는 등 상담지원 전문가의 불안감도 있었다.

그래서 장애아동 상담지원사업도 시작하고, '어린이집 등 방문지원'을 도입한 서비스 이용 계획과 학교와 연계한 상담지원사업 체계 구축도 동시에 진행했다. 처음에는 상담지원 전문요원에게 학교와 연계하는 문화를 정착시키자는 사명감도 있었지만, 이후 다양한 훌륭한 상담원들을 만나면서 이 사업은 처음의 의도와는 다른 방향으로 꽃을 피우게 되었다.

나는 상담지원 전문요원으로서의 일을 경험한 덕분에 그 일이 얼마나 힘들고 중요한지 알게 되었다. 그리고 여러 지자체에서 기획된 '어린이집 등 방문지원사업' 설명회에서 아이들을 위해 진지하게 이용하고 싶다는 관심을 보이며 함께 움직여 주시는 많은 상담사를 만났다. 긴조, 온나 지역에서 시작한 학교 방문은 상담전문요원들의 협력으로 우루마, 차탄, 카네다 지역으로 확대되었다.

상담원들과 함께 움직이면서 '도달하고 싶은 교육'에 초점을 맞춘 노력을 공유했을 때 상담원들의 프로다운 자세에 감동했고, 나 자신이 상담원을 겸직하는 것보다 이 훌륭한 상담원들과 팀으로 함께 넓혀 나가야겠다고 생각하게 되었다.

상담원과 함께 움직일 수 있었던 경험은 자립지원협의회의 중요성과 학교-가정-복지가 연계할 때는 서로의 온도 차 조정이 필요하다는

나하시 교육관계자 연수에서 복지와 교육의 연계에 대해 설명하는 모습

점(상담원이 가정을 중점적으로 지원하고, 방문 주체는 학교와 학생을 지원하며, 서로 준비가 되었을 때 협력이 잘 이루어짐), 가정 상황을 지원하기 위해 많은 지역자원을 활용할 수 있다는 점 등을 배우게 했다.

지금은 유이마와루도 많은 상담원의 도움을 받아 학교 방문을 할 수 있게 되었다. 당시에 아직 주요 서비스가 아니었던 이 지원을 지역에 뿌리내리게 한 것은 이 멋진 상담사분들이었다. 지금도 업무적으로 연결되는 매우 든든한 팀이다.

각 지역에서 설명회 개최

'어린이집 등 방문지원사업'은 당시 각 지자체에서 처음 활용하거나 활용하더라도 월 2일 정도에 불과한 상황이었다. 시작 당시에는 주로 횟수가 월 4일로 설정되어 있었다. '학교에 피해가 가지 않는가?' '그렇게 자주 방문할 필요가 있는가?' 하는 질문을 받아 각 지자체에서 설명회를 개최하게 되었고, 이것이 각 지자체와 관계를 맺을 수 있는 계기가 되었다.

설명회에서는 '도달하고 싶은 교육'에 초점을 맞추는 것, 교사·본인(학생)·보호자가 하고 싶은 일의 실현을 위해 협력관계를 맺는 것, 그 협력적인 팀 구성에 기존 학교의 전문가나 복지서비스, 지역도 안심하고 참여할 수 있는 것 등에 관한 내용이 전달되어, 작업치료사의 학교 방문을 통해 교육과 복지가 교육을 기반으로 연계하는 관계를 만들 수 있으리라는 기대도 하게 되었다. 가데나정에서는 자립지원협의회에 참여하여, 교육복지가 연계하여 학교에서 발견할 수 있는 아이들의 삶의 SOS를 성장으로 연결할 수 있는 환경 만들기 회의에도 참여했다. 이러한 설명회에서 만난 사람들과의 인연은 '어린이집 등 방문지원사업'의 틀을 넘어 마을 만들기에 이르는 등 학교작업치료를 넓혀가는 계기가 되고 있다.

'졸업'이 있는 복지서비스

작업치료사와 학교 간의 노력만이 아니라 학교를 플랫폼으로 한 지원자 회의[12]를 통해 '도달하고 싶은 교육'을 실현하기 위한 학교-가정-지역사회의 협력팀이 만들어지면, 교사는 아이들에게 교육을 제공하고 성장을 지원할 수 있다는 보람과 자신감을 갖게 된다. 학부모도 교사가 자신 있게 교육하는 아이의 성장 모습을 상상할 수 있게 되면 안심하고 자녀를 양육할 수 있게 된다. 스쿨 카운슬러, 즉 학교사회복지사 등 학교로 오는 외부 전문가와 아동주간보호센터 등 복지서비스도 각각의 목적과 역할이 명확해져 아이의 가정과 학교생활에 효과적으로 연계하고 협력할 수 있게 된다.

---

12 학생을 지원하기 위한 다수의 지원자가 팀을 이루어 정기적 또는 비정기적으로 지원 방법을 모색하고 검토한다. 교육복지 지원자 회의, 개별화 교육 지원자 회의 등 목적에 따라 다양한 지원자들이 구성원이 된다._옮긴이

학교-가정-지역사회의 팀 구성은 지원자 회의의 목적과 내용에도 영향을 미친다. 지원자 회의에서는 '우리 센터에서는 ○○을 하며 즐겁게 지내고 있다'라는 각 센터의 경과보고가 아니라, 예를 들어 '이 아이의 장래성을 살려 태권도 교실 참여로 다른 사람과의 교류의 기회를 만들고 있다. 그 교류가 학교에서도 친구 만들기로 이어진다'라는 식으로 학교생활에서 어떤 성장을 지원했는지, 그 과정이 어떻게 진행되었는지 등을 구체적으로 보고하는 일이 많아졌다.

처음 만났을 때 '이 아이는 어떻게 될까…?' 하는 불안한 표정을 짓던 팀도 '도달하고 싶은 교육'을 구체적인 목표로 삼고 협동적으로 임하면서 분위기가 달라졌다. 매달 그 목표에 변화가 보이는 과정을 통해 작업치료사가 제공하는 정보보다 학교와 가정에서 어떤 관계를 맺고 어떤 성장을 보이고 있는지 이야기하는 것이 더 많아진다. 4개월 정도 지나면 내 역할은 각 팀의 참여가 왜 효과가 있었는지를 전달하고 연결에 좀 더 중점을 두는 것으로 바뀌게 된다.

지원자 회의 때만이 아니라 학교 방문에서도 교사가 주도적으로 고민하고 고안한 수업 환경 속에서 아이들이 자기 능력을 최대한 발휘하며 수업에 참여하는 모습, 친구들과 즐겁게 쉬는 시간을 보내는 모습을 볼 수 있게 되고, 그 성장을 교사 스스로도 실감하게 된다. 학부모 면담에서는 "숙제도 스스로 하려고 노력하는 모습을 볼 수 있다. 아직은 부족하지만, 그런 모습을 볼 수 있다는 것에 성장을 느낀다"며 성장을 실감하고 앞으로의 기대에 대한 이야기를 들을 수 있게 된다. 학부모들은 학교에 대한 신뢰가 생기고, 연락을 주고받는 경우가 많아진다. 그 모습이 학교와 가정에서 보이면 작업치료사의 방문은 이제 더 이상 필요 없어진다.

'졸업'은 학교와 가정이 안심하고 아이를 키울 수 있게 되었을 때, 팀 회의를 통해 결정한다. 목표에 대한 경과를 공유하고, 앞으로 아이의 성장을 더욱 뒷받침하는 데 지역 자원을 활용해 학교와 가정에서 충분히 할 수 있다는 것을 확인한다. 물론, 아직 불안한 부분이 있으면 계속 진행하지만, '이제부터는 교육과 가정의 몫이네요', '이제부터는 수업에 참여하지 않아서 늦어진 학습 수준이에요. 그래서 학원에 다니게 하려고요'라는 등의 이야기를 나누며 '졸업'을 결정한다.

'졸업이 있는 복지'는 유이마와루를 시작할 때부터 내 바람이기도 했다. 장애나 특성만을 고려한 특별한 지원이 아닌, 모든 아이에게 닿을 수 있는 교육을, 그 아이의 힘을 최대한 살려서 연결하고 참여할 수 있는 사회를 만드는 데 복지서비스를 활용하고 싶었다.

의무교육을 마치고 고등학교나 사회에 참여할 때 '자신의 힘을 최대한 발휘하고 참여할 수 있는 환경'은 아이 스스로 주변 사람들과의 협력에서 만들어가야 한다. '해주는 복지'가 아니라 자신의 삶을 실현하기 위해 '활용하는 복지'가 중요하다고 생각한다.

그렇기 때문에 활용하고 나면 그때는 그 서비스를 졸업하고, 다시 필요할 때 활용하는 그런 복지 스타일을 만들 수 있기를 바란다.

작업치료사를 활용한 학교 방문

쿠니요시 준지(하에바루정 보건복지과 장애인복지부서)

하에바루 지역에서 실시하고 있는 '작업치료사(OT)를 활용한 학교 방문'은 이상적인 포용적 교육을 추진하기 위해 아동복지법에 근거한 '어린이집 등 방문지원사업'을 이용하여 실시하고 있다. 이는 개정된 발달장애인지원법과 아동복지법 개정에 따른 사회적 장벽 제거와 어린이집 등에 대한 방문지원 확대 등을 고려한 노력의 결과이다. 문부과학성이 2012년 2월부터 3월까지 실시한 '통상적 교육 지원이 필요한 학생에 관한 전국 실태조사'에서는 6.5%, 초등학교에서는 7.7%의 아동이 더 특정한 지원이 필요한 것으로 나타났다. 하에바루도 예외는 아니어서 실태조사를 바탕으로 관련 부서와 연계하여 실시하는 사업 중 하나가 OT를 활용한 학교 방문이다.

'어린이집 등 방문지원사업'으로 학교 현장 방문에 정통한 OT 파견

하에바루의 특징 중 하나는 '어린이집 등 방문지원사업'을 원활하게 진행하기 위해 대상 아동이 있는 초등학교에 찾아가 교장에게 제도를 먼저 설명한다는 점이다. 이후 특별지원 코디네이터와 담임교사에게 설명하고, 때에 따라서는 심리상담사나 학교사회복지사와도 연계를 도모한다. 여러 과정을 거쳐 최종적으로 보호자에게 설명하고 납득한 다음 신청하는 순서로 진행한다.

또한, 행정도 함께 지원하기로 계획한 사업장을 찾아 후생노동성령으로 정하는 조항에 대해 조사한 후 지급 결정을 하는 흐름으로 진행한다. 이렇게 함으로써 학교 측과 OT 사이의 장벽을 조금이나마 낮출 수 있는 체제를 갖추고 있다.

또 다른 특징은 작업치료의 전문성이 있으면서 동시에 학교 현장의 제도에도 익숙하고 문제 해결 능력을 갖춘 OT를 파견한다는 점이다. 이러한 OT를 파견함으로써 대상 아동만을 지원하는 것이 아니라 대상 아동을 둘러싼 환경 자체를 변화시킬 수 있다.

예를 들어, 수업 준비를 하지 않고 등교하는 아동이 있다고 하자. 단순히 '준비물 미비'라는 문제만으로는 해결할 수 없는 경우도 있다. 이럴 때 OT는 준비물 준비 순서를 명확히 하고, 소지품에 색 테이프나 스티커 등을 사용해 알기 쉽게 정리하는 방법을 담임에게 전할 수도 있고, 종례 시간에 준비물 공지를 전원에게 재확인하는 방법으로 담임이 아동을 학급 전체 안에 있도록 제안할 수도 있다. 이때 가정과의 연계가 매우 중요하며, 준비물을 준비했을 때 '칭찬'을 거듭하고, 스스로 격려하는 것도 알려준다.

학교 전체를 지원할 수 있는 학교 OT에 대한 기대

앞으로 다양해지는 교육 현장에서 학교 OT의 활약이 필수적인 시대가 반드시 올 것이라고 확신한다. 또한, 미국처럼 일본의 학교에도 학교 OT가 있는 환경을 제도화할 필요가 있다고 생각한다.

현재 90% 이상의 OT가 의료 현장에서 종사하고 있지만, 학교 OT의 인지도가 높아지면 교육에 관심 있는 사람들이 반드시 나타날 것으로 생각한다. 하지만 학교 OT는 아직 부족한 실정이고, 인력 양성 등의 주제도 대두되고 있다.

앞으로의 학교 OT는 대상 아동만을 지원하는 것이 아니라 교실, 학년, 나아가 학교 전체를 지원할 수 있는 인재가 필요할 것이다. 아이들이 스스로 다양한 장벽을 극복하고 포용적인 환경을 만들 수 있도록 그 지원자가 되어 마음의 성장을 도울 수 있는 학교 OT에 대한 기대가 크다.

Part 3

'도달하고 싶은 교육'의 관점

문제 해결 지향의
문제점

문제를 먼저 보기 쉬운 현장

문제를 정의하는 방법은 다르지만, 문제가 있기 때문에 도움이 필요
하다는 믿음을 거의 모든 계파는 치료적 감각으로써 지니고 있다.

(찰스 A. 랩, 리처드 J. 고스차 저, 다나카 히데키 감역 『강점 모델』 제2판, 카네오카

출판사, 2008년, 26쪽)

의료도 복지도 대상자가 건강하게 생활할 수 있게 하는 입장이지만,
그 관점의 대부분이 대상자가 관련된 문제를 해결하는 것이다. 문제
가 있기 때문에 도움이 필요하다는 신념 때문에 의료도 복지도 실질
적으로 문제를 적절히 평가하고 진단하는 것에 초점을 맞추기 쉽다.

작업치료사도 대상자의 문제를 의학적으로 평가하는 기술을 가지

고 있다. 관절의 가동범위나 전신 근육의 긴장도 등 중요한 운동과 같은 운동기능에 관한 것, 기억력, 수행 능력, 주의력 등과 같은 인지기능 등 대상자 안에서 일어나는 문제의 원인을 풀기 위한 평가기술은 작업치료사 양성과정에서 배우는 전문 기술이다.

나도 작업치료를 전공하고 병원에 근무할 때만 해도 문제나 장애에 주목하고 원인을 알고 해결하기 위해 그 기술을 사용했다. 원하는 대로 움직이지 않는 상지(어깨부터 손가락까지의 뼈, 근육, 관절)를 평가하고, 움직이지 않는 원인을 분석하여 최대한 움직이는 것에 초점을 맞추어 근육의 긴장감을 높이고, 관절의 가동범위를 넓히고, 상하지(팔과 다리의 뼈, 근육, 관절)의 지지력을 높이기 위해 자세를 조절하는 재활치료를 했다.

문제를 해결해도 변하지 않는 삶

당시 나는 한 50대 여성을 담당했다. 이분은 왼쪽 상하지의 수의적 운동(의도적으로 몸을 움직이는 것)이 거의 불가능했고, 몸을 움직이려고 하면 팔다리가 경직되는 상태였다. 자기 몸 왼쪽에 대한 인식이 낮아서 혼자 앉으려고 하면 왼쪽으로 쓰러져 버렸다.

운동기능과 인지기능에 많은 문제를 느끼고 있던 그분의 문제 해결을 위해 원인을 평가하고 치료를 진행했다. 치료하고 싶다는 일념으로 정규 재활치료 시간 외에도 쉬는 시간이나 퇴근 후 시간을 쪼개어치료에 매진했다.

손의 움직임이 조금 살아났다 싶으면 어깨에 통증이 나타났다. 앉는 자세가 안정됐다고 생각하니 침대에서 혼자 휠체어로 옮겨 타다가 넘어지는 문제가 발생했다. 하지만 당시에는 입원 기간 내내 사라지지 않는 문제를 매일 마주하는 것에 대해 의문을 갖지 않았다.

3개월 후, 팔다리의 자발적 운동은 팔을 약간 앞으로 내밀 수 있을 정도였다. 다리에 보조기를 착용하면 물리치료사가 왼쪽 옆구리를 받쳐주어 평행봉 안에서 10m 정도 걸을 수 있게 되었다. 또한, 보호자가 지켜보는 가운데 앉을 수 있을 정도로 회복이 이루어졌다. 문제는 남아 있었지만, 입원 기간을 마치고 퇴원하게 되었다.

남은 문제를 해결하기 위해 집 환경을 정비했다. 낙상 방지를 위해 집 안에 난간을 설치하고, 단차를 없애고 도우미의 도움을 받아 휠체어 이동을 할 수 있도록 했다. 나는 그때 '문제 해결을 위해 최선을 다했다. 할 수 있는 건 다 했다. 무사히 퇴원할 수 있다!'라는 만족감까지 느꼈던 기억이 난다.

퇴원 후 얼마 지나지 않아 외래로 내원한 그분으로부터 다음과 같은 말을 들었다.

"저에게는 두 아들이 있어요. 고등학생과 중학생이라 둘 다 밥을 잘 먹는데, 당신은 '몸을 무리하게 움직이지 말라'고 했잖아요. 그럼, 누가 저녁을 만들지요? 도우미가 없고 움직이지 못하면 내가 자유롭게 저녁을 만들 수 없잖아요."

가족은 아무도 이분에게 밥을 지으라고 강요하지 않았지만, 아마도 가족을 위해 밥을 짓지 못하는 자신을 용서할 수 없었던 것 같다.

나는 그제야 비로소 내가 그 사람의 삶, 성격, 역할 등을 보지 않고 신체적 문제를 치료하는 데만 몰두한다는 것을 깨달았다. 그리고 내가 했던 재활치료가 그분의 삶을 개선하는 데 전혀 도움이 되지 않았다는 것을 알게 되었다. 더 이상 그 사람의 눈을 쳐다볼 수 없었고, 그후로 눈물이 멈추지 않았던 기억이 난다.

이 사건은 작업치료사로서의 내 철학을 크게 바꾸어 놓았다. 그날부터 '다시는 이런 재활을 하지 않겠다!'라고 스스로 다짐하며 지금의 작업치료에 이르렀다. 이 사실을 깨닫게 된 것은 그분 덕분이다. 진심으로 감사하다.

이것은 비단 재활병원에서만 일어나는 일이 아니다. 세상 모든 곳에서 일어나고 있는 일이다. 내가 만나는 많은 아이가 끝이 보이지 않는 문제 해결 위주의 접근 방식만 진행하는 동안 변하지 않는 삶으로 고통받고 있다. 고통받는 것은 당사자뿐만 아니라 최선을 다해 노력하는 교사와 보호자도 마찬가지이다.

● '문제'의 존재로 여겨지는 상황(신이치)

5학년 신이치(가명)라는 남학생이 의뢰되었다. 그는 수업 시간에 잠을 자고, 말을 걸면 "몸이 안 좋다"고 말하고, 노트나 교과서를 거의 준비하지 않는다. 체육 시간에는 멍하니 걷고, 100m 달리기는 뛰기도 전에 "발이 아프다"고 큰 소리로 말한다. 친구들은 그를 "항상 평계만 대고 안 한다"고 평가한다.

급식 당번 때는 스스로 움직이지 않고, 교사가 지도하면 싫은 표정으로 다리를 질질 끌며 급식실로 향하지만, 식판은 '손이 아프니 들어라'고 하며 저학년 아이에게 옮기게 했다. 교사들도 대응에 어려움을 겪고 있었다.

교사와 부모에게 그동안의 관계와 상황을 물어보니, 신이치는 1학년 때부터 조금 느린 편이었고, 3학년이 되자 못하는 것이 많아져 학교에서도 걱정이 많았다고 한다. 공책을 쓰지 않고 물건을 자주 잃어버리는 등의 일상적인 문제를 해결하기 위해 노력했지만, 생활이 바뀌지 않아 교사는 학부모와 여러 번 면담을 했다고 한다. '게으름을 피우지 않도록' 팀으로 정한 문제 해결을 위해 엄격하게 대했다고 학부모는 말했다.

4학년이 되자 거부감이 강해져 학교에서는 담임 이외의 교사도 함께 지원하려고 교내 간담회를 열었다고 한다. 5학년이 되어도 생활은 나아지지 않았고, 신이치는 동아리 활동도 그만두고 싶다고 말했고, 학교도 가정도 '더 이상 어떻게 대응해야 할지 모르겠다'라며 유이마와루의 상담에 왔다고 한다.

이 경우처럼 본인이 문제일 수도 있고, 가정이 문제일 수도 있고, 학교가 문제일 수도 있다면서 계속 문제만 마주하게 되는 상황을 자주 볼 수 있다.

병원에 근무할 때 나도 그랬지만, 문제 해결을 위해 계속 노력하는 상황에 당사자는 의문을 갖지 않는다. 그리고 해결되지 않는 원인을 자기 자신, 보호자에게서 찾으며 서로 힘들어하는 상황이 계속된다.

즉, 문제를 또 찾아내어 새롭게 정의하면, 그 '문제'는 해결해야 하는 일로써 생활 안에 또 들어오게 되고, 이 문제를 해결하기 위해 또 본인, 보호자, 교사가 계속 노력해야 하는 상황이 만들어진다.

학교작업치료에서의 문제 중심 지향에 대한 문제

초등학교에서는 한 명의 담임교사가 학급을 관리한다. 학급에는 개성이 풍부한 30~40명의 아이가 있다. 우리가 담당하는 아이는 그 학급에 속한 아이 중 한 명이다.

학년에 따라 과학이나 음악 등 전문 과목의 수업은 각 담당 교사가 하는 경우도 있지만, 기본적으로 학급 담당제이기 때문에 산수나 국어 등 주요 과목은 담임교사가 준비부터 당일 수업까지 모두 담당한다. 수업의 내용이나 진행 속도도 교육과정에 정해져 있어 학급이나 학생이 어떤 상황에 있더라도 교사가 크게 변경할 수 없다.

쉬는 시간에는 아이들이 안전하게 생활할 수 있도록 아이들을 지켜본다. 더 많은 아이가 쉬는 시간에 교사와의 소통을 기대한다. 소지품 관리나 신병 처리, 급식 준비나 청소 등 당번 활동까지 아이들의 생활을 지원하는 것도 담임교사이다. 많은 교사가 아이 개개인의 필요에 따라 관여하고 싶지만, 상황적으로 매우 바쁘고 시간적 여유가 없기 때문에 대응하는 데 한계가 있다.

이러한 학교 환경에서 전문가가 제공하는 한 아이의 특성과 대응 방법 등의 정보는 교사들에게 고마운 일이지만, 실제로 그 방법은 대응할 수 없는 상황과 괴리될 가능성이 크다. 또한, 정보를 제공한 시점에서 교사가 그 정보를 활용할 책임이 생겨버린다는 것을 전문가들은 자각할 필요가 있다.

전문가들은 문제행동에 대해 그 원인을 분석하는 전문적 지식을 배웠기 때문에 눈앞에서 발견되는 아이들의 문제행동을 무의식적으로 분석하기 시작하는 경향이 있다. 나도 예전에는 분석할 수 있는 것이 전문가이고, 문제행동의 원인과 대처 방법을 더 자세히 알려주는 것이 사명이라고 생각했다. 하지만 학교 현장에서는 그 정보 제공이 오히려 교사를 힘들게 하는 상황으로 몰고 갈 수 있다는 것을 여러 경험을 통해 알게 되었다.

● 전문가의 정보 제공으로 교사가 고생한 사례(후미야)

내가 아직 자원봉사자로 학교를 방문하던 시절의 이야기이다. 어느 유치원에서 후미야(가명)가 교사를 깨물거나 교실을 뛰쳐나가서 도망가는 일이 잦았다. 그 상황에 교무부장으로부터 아이를 한번 봐 달라는 부탁을 받았다.

담임교사에게 후미야의 행동과 반응으로 예측이 되는 원인에 대해 설명했다. 후미야는 시각, 촉각, 청각의 정보를 잘 받아들이지 못하고, 교사의 지시하는 목소리와 친구들이 갑자기 다가오는 상황에 불안과 공포를 느끼는 것 같았다. 그것이 '깨물기'와 '도망치기'를 하는 이유라고 생각했다. 또한, 무표정하고 표정이나 말로 SOS를 보낼 수 없기 때문에 주변에서 이를 알아차리기 어려운 상황이기도 했다. 나는 매일 '물기'와 '도망가기'를 빨리 멈춰야 한다는 일념으로 교사에게 정보를 제공했다. 그때 담임교사는 "감사합니다. 괜찮아요"라고 말했고, 그날부터 나를 멀리했다. 당시의 나는 아직은 공부가 부족하지만, 말투는 꽤 조심했던 기억이 있다. 그런데도 그 교사와 거리를 두게 되었다.

그로부터 3년 후, 그 교사와 이야기를 나눌 기회가 있어 당시 일을 들을 수 있었다. "나카마 선생님의 말이 일리가 있다고 생각했어요. 하지만 그보다 제 담임으로서의 역량이 부족하다는 평가를 받은 것 같아 괴로웠어요."

학교 현장의 모든 교사는 시간이 없는 가운데 필사적으로 수업을 운영하고 있다. '이대로 괜찮은 걸까?'라는 의문과 불안을 가장 강하게 느끼는 사람은 담임교사 자신일지도 모른다. 그렇기 때문에 먼저 전문가들이 제공하는 정보가 교사와 더불어 아이와 관련된 모든 사람의 삶에 어떤 영향을 미치는지 고민할 필요가 있다.

'도달하고 싶은 교육'에 집중하다

문제보다 앞에 있는 '도달하고 싶은 교육'

문제 해결로 삶을 변화시킬 수 없다면, 우리는 무엇에 초점을 맞추면 좋을까? 교사가 아이에게 어떤 '문제'를 느끼는 것은 앞으로 '이렇게 되면 좋겠다!', '지금 당장 할 수 있으면 좋겠다!'라는 기대가 있기 때문이다. 그것은 부모나 아이 자신도 마찬가지이다. 부모는 아이가 할 수 있기를 바라기 때문에 그것이 잘되지 않을 때 '문제'를 느낀다. 아이는 자신이 이렇게 되고 싶다, 저렇게 되고 싶다는 생각이 있기 때문에 잘못하거나 잘 안되면 불안과 불만을 표출하는 것이다.

우리는 교사, 부모, 아이가 직면한 '문제행동'의 해결이 아니라, 그 문제를 느끼는 행동 너머에 있는 '도달하고 싶은 교육'에 초점을 맞추고, 그것을 이루기 위해 관여하고 있다.

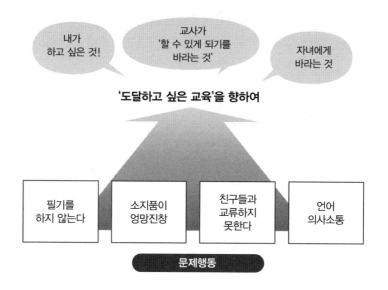

그렇다면 그 '도달하고 싶은 교육'이란 무엇일까? 좀 더 구체적인 사례를 통해 생각해보자.

문제는 같아도 '도달하고 싶은 교육'은 각각 다르다

예를 들어, '필기 문제'는 방문 상담에서 자주 상담하는 '문제' 중 하나다. 초등학교 1학년 남자아이가 수업 시간에 노트에 쓰지 않고 지원자가 대신 써준다는 한 담임교사의 상담이 있었다.

"필기하지 않는 것이 왜 문제라고 생각하시나요? 만약, 이 아이가 노트를 쓸 수 있다면 어떤 효과를 기대하십니까?"라고 물었다.

교사는 3학년부터 어려워지는 학습에 앞서 반드시 필요한 교과서나 노트를 준비하고, 필기하기는 염려 없이 습관적으로 할 수 있게 되면 좋겠다고 했다.

앞서 언급한 5학년 신이치(125쪽 참조)의 경우도 필기하지 않는 것에 대해 상담을 요청받았다. 담임교사는 다음과 같이 말했다.

"신이치가 공부도 운동도 잘 못 한다는 것을 알고 있어요. 하지만 지금처럼 못하는 것에서 도망치는 것이 아니라, 못하지만 할 수 있는 것은 하려고 노력하는 자세를 길러주고 싶어요. 지금은 반 아이들도 신이치를 '게으르다'고 평가하며 서로 거리감이 생기고 있어요. 서투른 것도 노력하는 자세를 가지면, 그것만으로도 타인에게 인정받을 수 있을 것 같아요. 그런 경험으로 연결하고 싶어요."

'필기를 하지 않는다'라는 똑같은 '문제행동'이지만, 전자의 1학년 교사는 준비나 쓰기의 습관을 기른다는 교육을, 후자의 5학년 교사는 어려운 일도 노력할 수 있다는 교육에 도달하도록 전하고 싶었던 것이다.

이처럼 고민하는 '문제행동'의 형태는 같지만, 그 너머에 있는 '도달하고 싶은 교육'은 각각 다르다.

'도달하고 싶은 교육'에는 교사가 그 아이에게 전달하고 싶은 것뿐만 아니라, 아이가 학교에서 할 수 있기를 부모가 바라는 것, 아이 자신이 하고 싶거나 할 수 있기를 바라는 것도 포함된다. 아이의 미래를 위해 지금 당장 실현하고 싶은 중요한 활동이 모두 포함되는 것이다. 유이마와루에서는 방문지에서 상담받은 '문제행동' 해결에 먼저 초점

다양한 교사들이 문제로 느끼는 행동과 그 이면에 있는 교육

고민하는 것	도달하게 하고 싶은 교육
친구에게 폭력을 쓰고 과하게 움직임	서투른 수학 계산이라도 교실에서 열심히 하면 좋겠다
말을 하지 않는다	친구와 함께 청소에 참여하기
교실에서 나간다	모둠활동에 협력하는 경험을 하게 하고 싶다
넘어질 위험이 있다	친구와 함께 운동회에 참여하게 하고 싶다
배설조절이 자립 되지 않았다	쉬는 시간에 친구와 교류하게 하고 싶다
늘 운다	자기 주변을 돌아볼 수 있으면 좋겠다
편식	모두와 함께 급식을 즐기면 좋겠다
고집이 세다	여러 가지 경험을 하게 하고 싶다
큰 소리를 낸다	사회과 견학에 참여하게 하고 싶다
무표정	놀이를 더 즐기게 되면 좋겠다

을 두어 대응하지 않고 교사, 부모, 아이와 함께 소중한 '도달하고 싶은 교육'을 명확히 하고, 이를 목표로 팀원들과 공유한 후 구체적인 평가와 정보 제공에 들어간다.

왜 '도달하고 싶은 교육'에 초점을 맞추는 것이 중요한가

팀의 임파워먼트를 이끌어낸다
임파워먼트는 개인이나 집단이 자기 삶의 주인공이 될 수 있도록

힘을 실어주고, 자기 삶과 환경을 더 잘 통제할 수 있도록 하는 것이다. 스스로의 힘을 갖게 하는(임파워) 관계가 되기 위해서는 다음이 중요하다.

교사, 부모, 본인에게 힘을 실어주는 관계

Ⅰ. 당사자가 가지고 있는 능력을 높여주는 것, 자신이 능력이 있다는 자각을 높여주는 것.

Ⅱ. 선택의 폭을 넓혀주는 것, 선택의 자유가 있다는 의식을 높이는 것.

Ⅲ. 그 사람이 선택한 것과 그 선택에 따라 행동할 수 있는 자신감을 강화할 기회를 늘리는 것.

(참고 자료 : 『강점 모델』 2판, 108쪽)

기존에는 '문제행동' 해결을 위해 전문가가 원인을 분석하여 보호자나 교사에게 정보를 제공한다. 이 경우 '문제' 해결을 전제로 선택된 방법은 아동의 장애나 특성에 전문적으로 대응할 방법일 수 있다. 그러나 이 방법들은 교사가 평소 수업이나 학급 활동에서 선택하는 방법과는 거리가 멀 수도 있다. 그 이전에, 명확히 제시된 '문제'의 원인이 당장 해결해야 할 일로 등장해 교사와 학부모의 자유로운 선택을 빼앗을 수도 있다.

물론, 모든 경우가 그런 것은 아니다. 하지만 실제 현장에서 자폐증 진단을 받은 아이에 대한 대응에 '나는 아직 자폐증에 관한 공부가 부족해서 어떻게 대응해야 할지 모르겠다'고 걱정하는 교사가 전문가의 지시를 기다리고 있다. 그런 현장이 적지 않은 것이 현실이다.

'도달하고 싶은 교육'은 교사가 도달하게 하고 싶은 것이고, 아이와 부모가 그 삶에서 원하는 것이다. 그 '도달하고 싶은 교육'을 이루기 위한 노력은 팀에 참여하는 모든 사람의 자유로운 선택이기도 하다.

그래서 작업치료사의 역할은 어떻게 하면 그 교육이 학교생활이라는 환경에서 실현될 수 있는지를 중심으로 관련된 정보를 제공하면서 '자, 그렇다면 이렇게 해보면 어떨까요?', '다음 수업에서는 이렇게 시도해볼까요?'라고 하는 식으로 교사가 '도달하기를 원하는 교육'을 실현할 선택의 폭을 넓혀가도록 돕는 것이다.

이때 정보 제공은 교사와 부모가 안심하고 받아들이고 다룰 수 있도록 정보의 양과 질, 타이밍에 세심한 배려가 필요하다. 수업에 도입한 환경 조정, 모둠 활동을 위해 궁리하고 고안한 도구, 학급 아이들과 함께 논의한 것, 그 노력 속에서 아이들이 성장하는 모습은 교사가 자신의 교육 효과를 실감하는 기회가 될 것이다. 그것은 교사 자신이 선택하고 행동하는 것에 자신감을 더욱 강화해나가는 것으로 이어진다(177쪽 참조).

작업치료사는 교사가 아이들에게 문제로 느끼는 행동을 장애 특성이나 병리적인 관점으로 이해하게 하는 것이 아니라, 생활에서 겪는 곤란함을 어떻게 해결하고 아이들이 바라는 것을 어떻게 이뤄낼 수 있을지 고민하고 집중해야 한다.

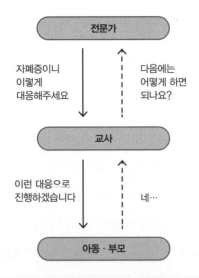

특성별 대응에 초점을 맞춘 순회 상담

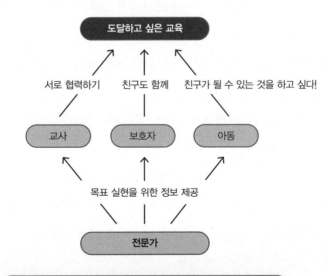

'도달하고 싶은 교육'에 초점을 맞춘 순회 상담

지속적으로 변화하는 생활의 전개 과정을 구축한다

1. 그 사람에게 의미 있는 작업

'도달하고 싶은 교육'은 그 아이는 물론 그 아이와 관련된 사람들에게도 의미가 있다. 작업치료에서는 이렇게 그 사람에게 의미 있는 활동을 '작업'[13]이라고 말한다.

일반적으로 '작업'이라는 단어에는 '무언가를 한다'는 이미지 외에 큰 의미를 느끼지 못한다고 생각한다. 하지만 작업치료사는 '작업'을 그 사람에게 의미 있는 활동으로서, 그 사람이 원하는 사회(가정, 학교, 회사, 지역 등)에 참여하기 위한 역할을 보장하는 것이며, 그 사람이 그 사람답게 마음을 통하고 삶을 이어가기 위해 중요한 의미를 갖는 활동으로 생각한다.

즉, '작업'은 사람과 사회를 이어주고 속하게 하는 중요한 활동이다.

2. '도달하고 싶은 교육'은 아이와 학교를 연결한다

아이에게 있어서 학교에서 하고 싶은 일, 해야 할 일은 학교생활 속 '작업'이다. 예를 들어, 친구들과 함께 수업을 듣는 것, 급식을 먹는 것, 쉬는 시간에 좋아하는 친구들과 피구를 하는 것, 숙제를 하는 것 등 모두 '작업'이라고 할 수 있다. 그래서 '학교 작업'을 할 수 있다는 것은 아이가 안심하고 학교와 수업에 참여할 수 있도록 도와준다.

---

13 작업(作業, Occupation). 그 사람이나 그 집단에 목적이나 의미가 있는 활동. 과제를 하는 것 (doing) 이상으로, 존재, 소속과 연결, 성장으로 이어지는 being-doing-becoming-belonging 을 의미한다. 세계작업치료연맹에서는 이 작업을 해야 하는(need to), 하고 싶은(want to), 기대되는(be expected to) 활동으로 정의한다._옮긴이

유이마와루에서도 등교 거부나 무단결석을 하는 아이들의 상담이 있다. 숙제를 못 하거나, 수업 시간에 노트를 잘 못 쓰거나, 쉬는 시간에 친구들과 놀지 못하는 등 어느 아이에게나 그 아이에게 중요한 '학교 작업'을 할 수 없는 상황은 반드시 존재한다.

'학교에 가고 싶어요!', '친구들과 놀고 싶어요!', '수업에서 활약하고 싶어요!'라고 생각해도 그 마음을 채워주는 '학교 작업'을 잘할 수 없다면, 학교에 소속되어 있는 것에 불안감을 느끼고 힘들어한다.

그래서 환경 조정이나 관계 맺는 방법의 궁리를 통해 '학교 작업'을 할 수 있게 되면 아이들은 안심하고 학교에 다닐 수 있게 된다. 유이마와루가 관여한 많은 아이가 '도달하고 싶은 교육'으로 꼽은 '학교 작업'을 할 수 있게 됨과 동시에 학교 활동에 참여할 수 있게 되었다.

3. '도달하고 싶은 교육'은 담임교사의 건강을 지탱한다

교사가 그 아이에게 '도달하고 싶은 교육'은 대상 아동의 성장에 영향을 미칠 뿐만 아니라, 교사에게도 담임이라는 역할에 대한 자신감과 보람을 가져다주고, 학급운영을 건강하고 발전적으로 이어가는 데도 의미가 있는 중요한 '작업'이다.

● **작업을 통해 학급과 소통할 수 있고, 교사도 학급운영에 보람을 느낀 사례**(료타)

초등학교 3학년 료타(가명)는 교실에 가는 것이 불안해 보건실로 등교했다. 등교하면 보건실로 가서 보건교사와 놀거나 만들기를 하며 시간을 보내고 교실에 가지 않고 돌아가는 것이 일상이었다.

처음 사례 회의를 할 때, 담임교사는 계속 침묵하고 보건교사가 여러 가지 보고를 하고 의견을 냈다. 담임교사는 회의 마지막에 "나도 료타와 더 많이 마주해야 하는데, 정말 미안하다"라고 말했다.

다른 날 담임교사로부터 이야기를 들었다. 담임교사는 처음에 "아무것도 몰라서 죄송하다"라고 말했다. 어떤 학급을 만들고 싶은지, 학급에 어떤 아이들이 있는지, 어떤 식으로 성장하면 좋겠는지 등의 이야기를 들어보았다. 그러다 보니, 사실은 아이들이 서로 돕고 협력하는 학급을 만들고 싶다는 것, 모두가 하나의 활동을 공유하고 즐길 수 있는 학급을 만들고 싶다는 것, 그 웃음의 한가운데에 료타도 있으면 좋겠다는 것 등 교사의 마음을 알 수 있었다.

료타도 '사실은 친구들과 놀고 싶다'고 했다. 또한, 료타는 보건교사 등 신뢰하는 사람에게는 개그 흉내를 내어 웃기거나 집에서 만든 과자를 주는 등 사람들에게 기쁨을 주고 싶어 하는 것 같았다.

목표 1. 아이들이 서로 돕고 협력할 수 있도록 하는 것
목표 2. 하나의 활동을 모두 함께 참여하여 즐겁게 할 수 있는 것
목표 3. 료타가 자기 반 친구들을 기쁘게 해줄 수 있는 것

이 교사와 료타가 '도달하고 싶은 교육'을 실현하기 위한 노력이 시작되었다. 엄마와 학교 교사들, 반 아이들 모두가 의논하여 결정한 작전은 크리스마스 파티였다. 불안해서 친구들을 직접 만나지 못하

는 료타는 먼저 가정 교실에서 쿠키를 대량으로 구웠다. 그리고 빈 교실에 커다란 골판지 미로를 만들었다. 크리스마스 장식을 하고, 친구들에게 초대장을 만들었다.

모든 활동은 담임교사가 중심이 되어 진행했다. 담임은 이러한 활동에 '글씨 쓰기', '가위로 자르기', '계획을 세우고 실행하기' 등 다양한 교육적 의미도 담았다. 이 준비를 통해 담임교사는 점차 료타와 함께하는 것에 대한 불안감이 사라지고 표정이 밝아졌다. 미로 역시 담임과 료타가 함께 만들었다.

당일 초대장을 들고 찾아온 반 아이들은 골판지 미로, 딱지 등 준비된 놀이를 즐겼다. 그 모습을 내내 교실 밖에서 지켜보던 료타는 "어떻게 놀아요?" "이거 정말 멋지다!"라는 친구의 목소리에 이끌려 행사장 안으로 들어가 미로에서 교통 정리를 하거나 친구들에게 회전 딱지를 돌리는 방법을 알려주기도 했다. 친구들도 오랜만에 만난 료타를 반갑게 맞아주며 "같이 놀자!" "이거 어떻게 하는 거야?"라고 물어보았다. 마지막으로 준비해온 쿠키를 나눠주며 모두와 웃는 모습으로 기념사진을 찍었다.

다음 날, 교사의 제안으로 아이들은 료타에게 편지를 썼다. 감사 인사말에 이어 아이들의 다양한 아이디어가 적혀 있었다.

'자전거를 좋아한다며? 다음에 같이 학교 주변에서 자전거 타자.'

'쿠키 다음에는 케이크를 구워볼래? 나는 케이크 만드는 걸 잘하니까 가르쳐주고 싶어.'

'이번엔 우리가 보건실에 갈 테니까 같이 놀자.'

교사가 원했던 서로 돕고 협력하는 모습이 편지에 있었다. 고맙다는 수많은 말은 료타가 원했던 '기쁘게 해주는 것' 그 자체였다.

담임교사는 매일 보건실에 얼굴을 내밀기 시작했다. 료타도 '가방은 수업하는 교실에 두고 싶다'며 조금씩 수업에 참여하기 시작했다. 3학기에는 통합 교실에서 공부하고 쉬는 시간에 반 친구들과 놀면서 보건실에서 시간을 보내는 일이 없어졌다.

학년이 끝나갈 무렵, 담임교사가 돌아보며 말씀하셨다.

"처음엔 어떻게 해야 할지, 어떻게 해줘야 할지 몰랐어요. 오히려 우리 반 아이인데도 보건 선생님에게만 맡기고 그 상황을 문제 삼을 수도 없었어요. 크리스마스 파티를 준비하면서 이 아이의 담임이 되어야겠다는 생각이 들었습니다. 그날부터 그 아이뿐만 아니라, 다른 아이들과도 어떻게 관계를 맺어야 할지 고민하던 아이들과도 마주할 수 있게 되었습니다."

그렇게 말하는 교사의 얼굴에는 미소가 가득했다.

4. '도달하고 싶은 교육'은 학급 전체의 성장으로 이어진다

교사가 대상 아동에게 도달하게 하고 싶은 교육은 학급 아이들에게도 '인정받고 싶다', '활약하고 싶다', '열심히 하고 싶다' 등 다양한 의미가 있는, 할 수 있고, 되고 싶은 중요한 '학교의 작업'이기도 하다.

'도달하고 싶은 교육'을 통해 대상 아동이 수업에 참여할 수 있게 되는 것은 학급과 그 아동을 연결해주는 것이기도 하다. 그 아이와 학급 아이들이 '도달하고 싶은 교육'을 통해 연결됨으로써 대상 아동의 성장이 학급 아이들에게 영향을 미친다. 그리고 반 아이들의 성장 또한 그 아이에게 영향을 미친다. 서로 영향을 주고받으며 성장하는 과정을 만들 수 있는 것이다.

학급에서 '도달하고 싶은 교육'이 이뤄지는 환경을 만드는 것은 그 학급의 모든 아이에게 교육적인(아이들의 성장으로 이어지는) 영향을 미친다.

● 죽마를 탄 여자아이(사츠키)

"뇌성마비. 이동 시 낙상 위험이 있다. 또래 아이들처럼 철봉이나 줄넘기 등에 참여하는 것은 어렵다."

사츠키(가명)는 이런 의사의 진단을 받은 유치원생 여자아이다. 낙상 위험에 대한 대응책으로 지원인이 항상 붙어 있고 사츠키의 손을 잡고 행동하고 있었다.

이 유치원은 1인 1죽마를 만들어 죽마 타기 연습을 교육으로 진행하고 있었다. 하지만 사츠키는 신체적 배려로 깡통으로 대신해서 연습했다. 반 아이들은 지원인과 손을 잡고 생활하는 사츠키에게 신경을 쓰지 않았고, 말을 걸지도 않았다.

교사는 '이대로 괜찮을까?'라는 불안감을 느끼고 있었다. 상담을 통해 교사의 이야기를 들었다. 거기서 교사에게 '아이들이 서로 협력하는 학급을 만들고 싶다'는 바람이 있다는 것을 알게 되었다. 그래서 사츠키가 항상 지원인과만 생활하는 것이 아니라, 청소나 죽마 타기 연습도 친구들과 함께할 수 있으면 좋겠다고 했다.

사츠키는 다리의 감각은 약하지만, 움직이는 힘은 있고, 손의 힘도 강했다. 이러한 정보를 공유한 교사들은 학교의 시설관리직원과 함께 사츠키의 힘을 살려 탈 수 있는 죽마를 만들었다. 발이 빠지지 않도록 슬리퍼처럼 벗을 수 있는 형태로 만들었고, 잡기 쉽도록 막대기를 가늘게 만들었다. 넘어져도 괜찮도록 짧게 만들어 발판을 안정되게 했다.

완성된 대나무를 보고 사츠키는 "이거 써도 되나요?"라며 물었고, 연습을 시작했다. 그 모습을 본 아이들이 "그 죽마 멋지다!"라며 말을 걸기 시작했다. 그리고 타는 법, 점프하는 법 등을 사츠키에게 가르치기 시작했다.

서로 도와가며 죽마 연습을 할 수 있게 되자 아이들은 사츠키를 신경 쓰기 시작했다. '같이 놀고 싶어요!', '함께 하고 싶어!'라는 사츠키의 마음을 알고 아이들은 이야기를 나누었다.

"우리가 손을 잡고 걸으면 돼요!"

"늦으면 기다려 주면 돼요."

"못하면 함께 하면 돼요."

이렇게 사츠키의 삶과 사츠키 주변의 아이들은 변해갔다.

'도달하고 싶은 교육'은 반 아이들에게도 '인정받고 싶다', '함께 노력하고 싶다'는 감정에 영향을 미치고, 할 수 있게 되고 싶다는 것에 가치를 느끼는 중요한 '작업'이다.

반 친구들과 협력하여 죽마를 잘 타는 '작업'은 반 친구들에게도 의미 있는 일이었기 때문에 사츠키가 죽마 연습을 시작했을 때, 도와주고 가르치는 것이 자연스러운 관계로 자리 잡게 되었다고 한다.

죽마를 통해 형성된 교류는 삶의 다른 부분에도 영향을 미친다. 교육이 도달하는 것은 그 아이들이 함께 생활하는 학급이라는 사회의 성장으로도 이어진다.

Part 4

협력관계를 구축하는
목표 설정

함께 결정하는 목표

목표란?

'목표 설정과 공유'는 무엇을 위해 무엇을 집중하고 무엇을 노력할 것인지에 대한 목적을 팀 구성원들이 공유하고 방향을 제시하기 위해 중요하다. 목표가 없으면 현장에서 평가나 정보 제공이 불가능하다.

이 중요한 목표 설정을 작업치료사는 반드시 교사, 부모와 함께 결정한다. 처음부터 팀으로 결정하는 경우도 있고, 교사와 부모의 이야기를 들으면서 각각 목표를 설정하고 목표 실현을 위해 협력적으로 노력하면서 팀 관계를 구축해나가는 경우도 있다.

참고로, 아동의 생활에 대한 목표를 제도적으로는 학교 교육에 관한 목표(개별교육지원계획서), 복지서비스 이용에 관한 목표(서비스이용계획서), 각 복지서비스 사업소에서 작성하는 목표(개별지원계획서)로 구분해서 지원한다. '어린이집 등 방문지원사업'을 이용하여 학교 방문을 하는 유이마와루의 경우 목표 설정은 개별지원계획서를 통해 시행된다.

목표 설정에 대한 고민

목표 설정과 공유를 위해서는 먼저 '무엇을 위해 목표를 정할 것인가'라는 목적이 중요하다.

이 목적을 팀원들과 공유하는 자리에는 '지원'이라는 단어가 암묵적으로 존재한다.

'지원'이란 무엇일까? 지원에는 지원하는 측과 지원받는 측이 존재한다. 지원자는 클라이언트와 신뢰 관계를 형성하고, 욕구를 파악하고, 그 욕구를 바탕으로 계획을 세우고, 지원을 진행한다. 이런 흐름에서 자력으로 극복하기 힘든 어려움을 겪고 있는 대상자에게 전문적인 지식과 기술을 가진 전문가가 손을 내밀어 도움을 주는 관계가 자동적으로 성립하게 된다.

클라이언트는 '지원'을 받음으로써 어려움을 극복할 수 있는 실마리를 찾고, 상황 개선을 위한 한 걸음을 내디딘다. 상황의 개선은 사례에 따라 다르겠지만, 어느 경우든 '지원'은 '클라이언트를 위한'이라는 '선의'를 담고 있다. 이 '선의'에 바탕을 둔 '지원'은 지원하는 쪽도 지원받는 쪽도 의심할 수 없는 힘이 있다고 생각한다. 하지만 이 당연한 것으로 존재하는 '지원'이라는 단어에 대해 우리는 다시 질문할 필요가 있다.

'지원'이라는 단어가 존재하면 지원하는 측과 지원받는 측의 관계가 생긴다. 이때 지원받는 측이라는 전제는 받을 지원을 곤란하게 할 경우 '문제'를 해결해야 하는 대상자라는 관계가 되어버린다. 그 시점에서 목표의 목적은 무조건적인 문제 해결이 되기 쉽다. 그래서 지원하는 측은 어떤 문제가 있고, 그 문제를 어떻게 해결해나갈 것인가라는 관점에서 목표를 설정하는 경향이 있다.

실제로 서비스 이용 계획의 대부분이 '말을 할 수 있게 된다', '차분하게 교실에 있을 수 있게 된다' 등 현재 문제가 되는 것을 개선하기 위한 목표이거나 '엄마가 육아에 대해 상담할 수 있게 된다' 등 문제에 직면한 당사자의 생활 보장이 많다.

회의에 올라오는 안건도 지금 문제라고 느끼는 행동이 어떤 것인지, 그것에 어떻게 관여할 것인지에 관한 내용이 많고, 거기서 도출되는 목표도 그 문제에 어떻게 대응할 것인지에 대한 방법이 주가 되는 경향이 있다(참고 : 아라이 히로미치 저 『내러티브 소셜워크』 신센샤).

문제 해결을 목적으로 한 목표 설정을 하지 않는 이유는 문제를 중심으로 두는 데 대한 한계와 부작용이 있기 때문이다(122쪽 참조). 그 외에도 문제를 마주하고 난 뒤 교사, 부모, 아이가 팀을 만들어가는 것이 매우 어렵고 힘든 시작이 되기 때문이다.

사실 내가 자원봉사를 하던 시기에 가장 주목했던 것이 바로 이 팀 협력과 목표 설정을 시작으로 한 팀 회의에 관한 것이었다. 부모님과 교사들의 이야기를 들으며 회의를 대하는 각자의 마음을 배웠다.

부모의 마음

부모는 학교에 피해를 주는 현실에 미안함을 느끼는 한편, 소중한 자녀의 행동이 '문제'로 규정되는 것에 불안감을 느낀다.

또한, 발달검사나 장애라는 표현에 불안감을 느끼는 경우가 많은데, 한 어머니는 "한번 발달검사를 받고 장애아로 진단받으면 평생 남들과 함께 학교생활을 할 수 없을 것 같아 불안하다"라고 말했다. 부모들은 발달검사나 장애 진단 이후의 삶에 대한 전망을 갖지 못하는 것에 불안감을 느낀다.

교사의 마음

교사는 문제가 있다고 생각하는 아이의 행동에 대해 부모에게 이야기함으로써 관계가 깨지지 않을까 걱정한다.

또한, 부모로부터 가능한 방법을 들었을 때, 그것을 학급에서 할 수 있을지에 대한 불안감을 느낀다. 문제행동의 해결은 예상이 어렵고, 특히 그 아이만 특별하게 취급하는 등 학급운영에 영향을 미치는 관계는 언제까지 지속될지 알 수 없기 때문에 쉽게 나서지 못한다.

아동의 마음

팀 회의에 대상 아동이 직접 참여하는 경우는 드물고, 대부분 어른끼리만 논의하는 경우가 많다. 하지만 회의실 밖에서 대기하는 아이들과 함께 놀면서 이야기를 들어보니, 아이들은 모두 자신에 관한 이야기가 오간다는 것을 알고 있었다. 아이들은 회의에 대해 "내 얘기 하

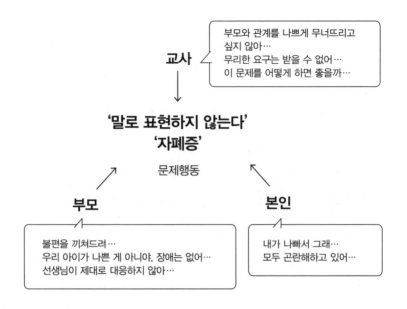

교사

부모와 관계를 나쁘게 무너뜨리고
싶지 않아…
무리한 요구는 받을 수 없어…
이 문제를 어떻게 하면 좋을까…

'말로 표현하지 않는다'
'자폐증'

문제행동

부모

불편을 끼쳐드려…
우리 아이가 나쁜 게 아니야, 장애는 없어…
선생님이 제대로 대응하지 않아…

본인

내가 나빠서 그래…
모두 곤란해하고 있어…

는 거잖아요. 내가 나쁜 아이니까. 다들 힘들어하는 거죠?"라고 아무
렇지 않은 표정으로 이야기한다. 하지만 많은 것을 드러내지 않고 다
시 놀이하러 돌아가는 아이의 모습에서 외로움도 느껴졌다.

이렇게 서로 불안해하며 이야기를 진행하는 상황에서는 좋은 팀 관
계를 형성하기가 매우 어렵다. 방문하는 학교에서도 학부모와 학교
의 관계 형성에 대한 상담이 많은 것도 사실이다. 그렇다면 어떻게 하
면 팀 목적과 방향성을 제시하는 중요한 목표를 모두가 안심하고 결
정할 수 있을까?

목표 함께 정하기

우리는 문제 해결을 위한 목표가 아니라 '도달하고 싶은 교육'을 이루기 위한 목표를 설정한다. 이 목표는 교사가 이 반에서 이 아이에게 도달하게 하고 싶은 것, 부모가 아이에게 바라는 것, 아이 자신이 학교에서 할 수 있게 되고 싶은 것, 팀원 모두가 기대하는 것, 할 수 있게 되기를 바라는 것으로, 학교생활에서 어떤 활동을 어떻게 하면 각자의 바람이 이루어질 수 있을까에 대한 구체적인 것들이다.

지금까지 다양한 목표를 팀별로 수립해왔다.

'수업 시간에 모르는 것이 있어도 교사와 친구들의 도움을 받으며 안심하고 참여할 수 있다.'

'모둠의 일원으로 활동할 때, 친구들과 함께 할 수 있다.'

'쉬는 시간에 친구들과 함께 놀면서 처음 해보는 활동에도 도전해볼 수 있다.'

'수업 시간에 자신의 힘을 발휘하여 기대되는 활동에 참여하여 보람과 성취감을 느낄 수 있다.'

이러한 목표의 수립은 그 과정도 중요하다.

> '수업 시간에 자신의 힘을 발휘하여 기대되는 활동에 참여하여 보람과 성취감을 느낄 수 있다.'

이는 한 초등학교 2학년 남학생의 목표였다. 수업 시간에 자기 팔을 몇 번이고 물어뜯으며 앉아 있고, 잘 쓰지 못하면 노트를 중간에 찢어버리고, 아침에는 등교하기를 꺼리는 등 힘들어하는 상황이었다.

- 수업 중 자해 행위
- 노트를 찢는 행위
- 기분이 안정되지 않으면 수업 과제에 전혀 참여할 수 없다.
- 한 번 기분이 나빠지면 다시 회복할 수 없다.
- 학교에 가기 싫어한다.
- 집에서 부모를 때린다.
- 숙제를 할 수 없다.

이런 아이에게 느껴지는 문제는 산더미처럼 쌓여 있었다. 이를 하나하나 해결하려고 노력해왔지만, 이제 2학년이 되어서 결국은 참여를 못 하게 될지도 모른다는 걱정이 팀원들의 마음을 아프게 했다.

문제라고 느끼는 행동은 사실은 기대하는 것이 있는데 잘 안되기 때문에 느끼는 것이고, 관점을 바꾸면 '도달하고 싶은 교육'의 입구(출발점)라고도 할 수 있다. 왜 문제라고 느끼는지, 진짜로 어떻게 되면 좋겠는지, 왜 그런지, 한 올 한 올 실마리를 풀어가듯 이야기하는 가운데 선생님과 엄마는 차츰 '도달하고 싶은 교육'을 이야기하기 시작했다.

선생님은 다음과 같이 생각했다.

"사실은 할 수 있는 게 많은 아이예요. 못하는 것 때문에 불안해하지 말고, 자신이 할 수 있는 것에 자신감을 가지면 좋겠어요. 리더 역할도 할 수 있는 힘이 있어요. 할 수 있게 해주고 싶어요. 그러니 자신감을 가지면 좋겠어요."

엄마도 다음과 같은 소망이 있었다.

"늘 자책하는 아들이 자신이 하는 일에 대해 '이것으로 충분하다'는 자신감을 갖고 학교에서 즐기면 좋겠어요. 배우는 과정이기 때문에 실수할 수도 있고, 모르는 것도 있을 수 있다고. 그때마다 멈춰서 괴로워하지 말고 도전하고 나아가길 바라요."

또한, 이 아이의 학교생활 모습에서 그 스스로 '기대되는 것을 제대로 하고 싶다!'라고 바라는 것을 우리 팀원들은 알고 있었다. 그런 모두의 바람을 서로 나누고, 어떻게 살면 그 바람이 이루어질 수 있을까를 팀원들과 논의해 만든 목표가 바로 이 목표였다.

그렇다면 그 과정을 다양한 직종, 다양한 입장의 사람들과 함께 엮어가기 위해서는 어떻게 해야 할까?

Theme 2

관점을 '도달하고 싶은 교육'으로
바꾸기 위한 인터뷰

구체적인 문제에만 집중하기 쉬운 작업치료사가 희망과 기대를 통해 목표를 만들어가는 데 있어 중요한 포인트를 인터뷰 과정에 맞춰 소개한다.

지금까지의 '지원' 문화는 문제 중심, 문제 해결 지향적이었다. 그래서 이내 "우리가 도달하게 하고 싶은 것을 함께 이야기해봅시다!" 하며 바로 전환되지 않는다. 인터뷰에서도 처음에는 고민이나 느끼는 것이 먼저 화두로 나온다. 그것이 자연스러운 흐름이다.

중요한 것은 거기서부터 초점을 '도달하고 싶은 것', '도달하게 하고 싶은 것'을 향해 가는 과정에 있다. 그것은 다음 5가지이다.

목표 설정 과정
① 목표 설정의 목적을 공유한다.

② 도달하고 싶은 교육의 입구를 제시한다.

③ 문제를 넘어 도달하고 싶은 것을 생각한다.

④ 도달하고 싶은 것의 구체적인 이미지를 공유한다.

⑤ 목표로서 공유한다.

목표 설정의 목적을 공유한다

먼저, 반드시 목표 설정의 목적을 공유한다.

"여러 가지로 고민이 많으실 것 같아요. 불안해하거나 문제를 느끼는 것은 여러분이 사실은 '이렇게 되기를 바란다'라고 간절히 바라는 것이 있기 때문에, 그것을 할 수 없는 상황을 문제나 불안으로 느끼는 거예요. 그래서 앞으로는 '그렇게 할 수 있으면 좋겠다'고 생각하는 것을 목표로 삼고 싶습니다."

목적에 대한 설명은 사례별로 다르지만, 항상 이렇게 설명을 시작한다. 목적을 공유하기 전에 부모나 교사가 불안감을 이야기하는 경우도 있다. 그때도 그것을 받아들이면서 목표를 공유해나간다.

"아, 그렇군요, 힘드셨군요. 선생님이 그렇게 열심히 대응하는 이유가 '원래 마음은 이렇게 되면 좋겠고', '원래 의도는 이 수업을 이렇게 하고 싶기 때문'이 아닐까요? 꼭 그 진짜 바라는 바를 목표로 삼고 함께 노력해봅시다."

도달하고 싶은 교육의 입구를 제시한다

목적을 확실히 공유하면 그다음부터는 안심하고 이야기를 진행할 수 있다.

"선생님과 부모님이 지금 느끼는 문제는 도달하고 싶은 교육의 입구예요. 우선은 그 입구를 많이 열어줍시다!"라고 말한다.

보통 문제에 초점을 두게 되면 말하는 사람이나 듣는 사람 모두 불안해진다. 하지만 '도달하고 싶은 교육'의 입구로서 목적을 공유한 문제 제기라면, 그 너머에 반드시 기대하는 것, 할 수 있게 되기를 바라는 것이 있다고 생각하며 이야기할 수 있다. 실제로 내가 경험한 인터뷰나 회의에서도 이 이야기를 할 때쯤 이미 분위기가 밝아진다.

① 구체적인 진행 방법

유이마와루에서는 ADOC-S(104쪽 참조)를 활용하여 인터뷰를 진행하지만, 앱이 없는 경우에는 아래와 같이 접착 메모지를 이용하여 자신이 느낀 점을 항목별로 적어가며 책상 한가운데에 붙여서 이야기한다.

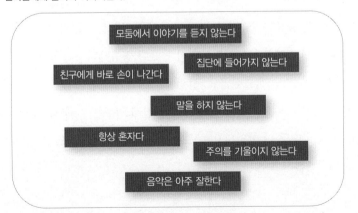

각 항목에 대해 문제라고 느끼는 행동에 대해서 생활상 어떤 활동을 할 때 문제라고 느끼는지 범주를 만들며 분류해나간다.

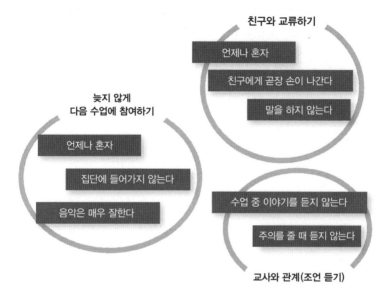

친구와 교류하기
- 언제나 혼자
- 친구에게 곧장 손이 나간다
- 말을 하지 않는다

늦지 않게 다음 수업에 참여하기
- 언제나 혼자
- 집단에 들어가지 않는다
- 음악은 매우 잘한다

교사와 관계(조언 듣기)
- 수업 중 이야기를 듣지 않는다
- 주의를 줄 때 듣지 않는다

인터뷰나 회의를 시작할 때 참가자들은 많은 경우 불안해한다. 아빠는 팔짱을 끼고 있거나, 엄마는 고개를 숙이고 있거나, 교사는 불안한 표정을 짓고 있는 등 시작할 때는 어려운 분위기여도 목적을 공유하고 나서 대화를 할 때는 정보가 나오면 나올수록 밝아진다.

이야기 소재는 교사나 부모가 이야기하기 쉬운 내용이면 괜찮다. 문제라고 느끼고 고민하는 것은 누구나 직면하고 있고, 그래서 이야기하기 쉬운 경향이 있다. 그러나 문제 외의 이야기라면 지금 하는 일, 에피소드, 실패 경험 등 어떤 소재라도 괜찮다. 목표 설정의 목적을 팀원들과 잘 공유할 수 있다면 어떤 것이든 상관없다.

문제를 넘어 도달하고 싶은 것을 생각한다

많이 나온 문제를 구체적인 도달하고자 하는 것으로 바꾸어보자!

"그 문제를 어떤 장면에서 느끼시나요?"

"그 문제는 생활의 어떤 상황에서 보이나요?"

이렇게 문제점으로 꼽힌 것이 삶에서 어떤 일에 영향을 미치는지 물어본다.

예를 들어 '친구를 때린다'는 문제 항목에 대해 교사가 어떤 생활 장

친구를 때린다

생활의 어떤 활동 장면에서 그런 일이 일어난다고 보시나요?

"친구를 때리기 때문에 친구들과는 좀처럼 교류하기 어려운 것 같아요. 그렇지만, 정말은 휴식 시간에 친구들과 사이좋게 어울리면 좋겠어요."

"친구와 의견이 다르면 바로 때립니다. 하지만 정말은 집단활동에 친구의 의견을 받아들이게 되면 좋겠어요. "

"자기가 생각한 대로 되지 않으면 친구를 때리기는 하지만, 정말은 급식 당번을 협력해서 함께 할 수 있으면 좋겠어요."

면에서 그 문제를 느끼는지, 어떤 때 그 문제로 고민하는지를 자세히 물어보면 생활 속 어떤 작업에 영향을 주고 있는지에 도달할 수 있다.

이렇듯 선정된 문제보다 도달하고 싶은 것을 점점 더 많이 이야기하는 과정을 통해 문제 중심에 치우쳐 있던 초점이 점차 구체적으로 도달하고자 하는 것으로 바뀌게 된다.

각 활동에 대해 모두가 기대하는 바를 공유한다

각 활동에 대해 실제로 어떻게 되면 좋겠는지, 그 활동을 통해 무엇을 바라는지 구체적으로 이야기해본다.

"그 일을 할 수 있는 것이 왜 중요하다고 생각하세요?"

쉬는 시간에 친구와 어울려 놀 수 있다

그렇게 할 수 있는 것이 왜 중요하다고 생각하시나요?

"친구와 함께 노는 즐거움을 알게 되면 좋겠어서요."

"놀이를 통해 친구들에게 맞추는 법을 배우면 좋겠어서요."

"정말은 어떤 방식으로 할 수 있기를 기대하고 있나요?"

예를 들어, 쉬는 시간에 친구들과 잘 어울리고 싶다고 한다면 이에 대해서는 다음과 같은 상호작용을 기대할 수 있다.

③ 구체적인 진행 방법

각각의 활동에 대해 기대하는 것을 나열한다. 열거된 항목들을 색이 다른 접착 메모지에 기입하여 붙여나간다.

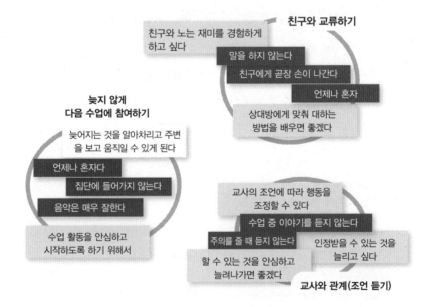

도달하고 싶은 것의 구체적인 이미지 공유하기(단기 목표)

문제 너머에 있는 할 수 있는 일, 그리고 그것이 왜 중요한지 공유하고 나면, 많이 나온 '도달하고 싶은 교육' 중에서 목표가 되는 일 3가지를 선정하고, 구체적인 이미지를 팀원들과 공유해본다.

"그 일이 언제, 어디서, 어떤 방식으로 이루어졌을 때 성장을 느낄수 있을까요?" 교사와 부모가 이렇게 되면 좋겠다는 것을 함께 이야기하는 것이다.

쉬는 시간에 친구들과 어울려 놀기를 바란다.

그렇다면 언제 어디에서 어떤 식으로 이뤄지면 성공했다고 볼 수 있을까요?

"학교에서 친구들과 놀았던 것을 집에서 이야기해주면 기쁘겠어요."

"축구라거나, 친구들과 스포츠를 즐길 수 있다면요."

"일주일에 한 번 체육관을 사용할 수 있어요. 그때 친구들과 피구나 잡기 놀이를 할 수 있다면 그렇게 볼 수 있을 것 같네요."

이렇게 '친구와 함께 놀 수 있다'라는 작업을 구체적으로 상상해봄으로써 팀 구성원끼리 서로가 하기를 바라는 구체적인 생활에서의 이미지를 공유할 수 있다.

단기목표

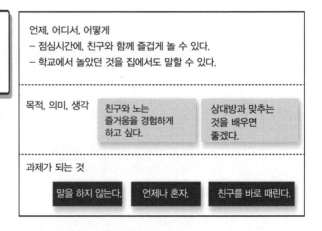

친구와 교류하기	언제, 어디서, 어떻게
	– 점심시간에, 친구와 함께 즐겁게 놀 수 있다.
	– 학교에서 놀았던 것을 집에서도 말할 수 있다.

목적, 의미, 생각

친구와 노는 즐거움을 경험하게 하고 싶다.	상대방과 맞추는 것을 배우면 좋겠다.

과제가 되는 것

말을 하지 않는다.	언제나 혼자.	친구를 바로 때린다.

"체육관에서 놀 기회가 있군요. 그거 좋네요!" "언젠가는 축구부에 들어가면 좋겠어요" 등의 이야기 속에서 교사의 '도달하고 싶은 교육'을 부모가 알 수 있고, 부모의 바람을 교사가 알게 되기도 한다. 서로 아이에 대한 생각을 공유하는 것은 신뢰 관계 형성에도 큰 영향을 미친다.

목표가 달성된 후의 기대하는 삶을 공유한다(장기목표)

보통 단기목표는 장기목표를 정하고 나서 그 장기목표를 향한 작은 단계별 목표로서 세우는 경우가 많을 것이다.

하지만 눈앞의 문제를 마주하는 교사나 부모는 "3년 후 이 아이가 어떻게 되면 좋겠나요?"라고 질문을 받아도 우선 눈앞의 문제에 쫓겨서 그런 것을 생각할 겨를이 없는 경우가 많은 듯하다. 또한, 관점이 문제행동 해결에만 맞춰져 있을 때는 미래를 기대하는 관점을 갖기 어렵고, 장기적인 목표 수립도 관점을 바꾸는 과정이 필요하다.

장기목표

6학년까지 친구와 협력하여 수업이나 교내 행사에 참가할 수 있다.

단기목표

친구와 교류하기	언제, 어디서, 어떻게 – 점심시간에, 친구와 함께 즐겁게 놀 수 있다. – 학교에서 놀았던 것을 집에서도 말할 수 있다.
	목적, 의미, 생각　친구와 노는 즐거움을 경험하게 하고 싶다.　　상대방과 맞추는 것을 배우면 좋겠다.
	과제가 되는 것　　말을 하지 않는다.　언제나 혼자.　친구를 바로 때린다.

그래서 나는 단기목표를 먼저 정하는 과정을 통해 관점을 문제행동 해결에서 '도달하고 싶은 교육'의 실현으로 바꾸고, 그런 다음 거기에서부터 장기목표를 정하는 방식을 택하고 있다.

"지금 아이에게 이러한 '도달하고 싶은 교육'을 할 수 있게 되는 것이 중요하다는 말씀이네요. 그렇다면 이 목표가 가능해졌을 때, 앞으로 아이에게 어떤 삶을 기대하시겠습니까?"라고 묻는다.

목표 공유하기

문제행동에 대해 공유하고 해결책을 논의하는 경우, "아들은 말을 잘 하지 않고, 쉬는 시간에도 혼자 있는 경우가 많아요. 친구들과 놀자고 권유해도 말썽을 부리는 경우가 많고, 포기해버리는 것 같아요"라는 정보 공유가 되기 쉽고, 문제행동이 중심이 된다.

'도달하고 싶은 교육'을 실현하기 위해 정보를 공유하는 것은 다음과 같이 한다.

[기대하는 앞으로의 생활]
6학년까지 친구들과 협력하여 수업이나 교내 행사에 참여할 수 있다.

[지금 도달하고 싶은 교육]

쉬는 시간에 친구들과 함께 즐겁게 놀 수 있다.

[교육의 목적, 의미, 생각]

놀이를 통해 친구들과 교류하는 즐거움을 경험하길 바란다. 놀이를 통해 상대에게 맞추는 것도 배우길 바란다.

[목표 도달을 어렵게 하는 것들]

말을 하지 않고 혼자 있는 시간이 많다. 친구와 문제가 생기면 이내 때린다.

이렇게 목표와 노력의 목적이 '도달하고 싶은 교육'의 실현이고, 정보의 주인공이 '도달하고 싶은 교육'이 된다. '도달하고 싶은 교육'을 어떻게 실현할 것인가라는 관점으로 팀을 구성하면 부모와 교사는 안심하고 시작할 수 있는 관계가 된다.

함께 결정하는 교육지원계획서 신청서 작성

이런 인터뷰가 처음인 사람에게는 불안감이 있을 수 있다. 이를 위한 애플리케이션도 있다(ADOC-S, 104쪽 참조). ADOC-S의 개발에는 나도 참여했다.

ADOC-S는 특별한 인터뷰 기술이 없어도 아이 스스로 할 수 있는 것, 관심 있는 것, 교사나 부모가 아이에게 해줬으면 하는 것에 초점을 맞춰 목표 설정을 할 수 있는 태블릿 PC용 앱이다. 이 앱에 있는 국제건강기능장애분류 아동청소년판(ICF-CY)[14]의 활동과 참여를 기반으로 한 68개의 그림을 이용해서 팀과 관련된 모두가 함께 목표를 선택하는 과정을 통해 아이의 미래를 위해 지금 도달하게 하고 싶은 교육, 지금 필요한 활동, 지금 하고 싶은 일 등을 정리할 수 있으며, 그 실현을 위해 가정과 학교, 지역사회에서 목표를 공유하고 팀으로 지원하게 도울 수 있다.

(※ ADOC-S를 활용한 실천에 대한 자세한 내용은 나카마 치호 · 마쓰무라 에리 · 카미에즈 세이 · 토모리 유키노스케 "어린이집 등 방문지원에 있어서 순회형 학교작업치료" "작업치료" 3:427-433, 2018. 참조.)

협력적인 팀 구성

팀에서는 아이, 부모, 전문가가 함께 지금 필요한 교육이나 하고자

---

14 WHO의 건강분류 ICF의 아동청소년판. https://apps.who.int/iris/bitstream/handle/10665/43737/9789241547321_eng.pdf 현재 WHO는 ICF에 ICF-CY 항목을 통합하고 있다. ADOC-S 앱에서 목표설정을 위해 제공하는 일러스트는 ICF와 ICF-CY의 활동 참여를 참조했다._옮긴이

하는 것, 도달하고자 하는 교육 목표를 공유하고, 각자 입장과 역할에서 협력하는 관계를 만들어간다. 문제를 제기하는 쪽, 지원하는 쪽, 지원받는 쪽의 관계가 아닌, 서로가 아이들에게 전달하고자 하는 것을 실현하는 팀의 일원으로서 협력관계를 구축해나간다. 이 협력관계는 그 목표의 실현을 위해 각자 있는 그대로의 모습으로 참여할 수 있도록 한다.

일이 바빠서 아이와 시간을 내기 힘들다거나, 형제자매가 많아서 육아에 어려움을 겪고 있거나, 아직 육아에 서툴러서 아이와 마주하기 힘 드는 등 부모의 상황도 다양하다. 또한, 교사도 신규교사에서부터 경력 교사까지 차이가 있고, 학급을 운영하는 데 바빠서 시간을 쪼개기 힘들고, 해당 학생 말고도 많은 학생과 마주해야 하는 등 상황이 다양하다.

그 상황이나 그 사람이 가지고 있는 기술을 바꾸거나 개선을 요구하는 것이 아니라, 교사가 지금의 학급운영 속에서, 부모가 직장을 다니거나 다른 형제자매를 키우는 생활환경 속에서, 각자 있는 그대로의 삶 속에서 우선 할 수 있는 것부터 참여할 수 있다.

왜 '우선 할 수 있는 것'부터 시작해도 괜찮을까? 그 이유는 이 목표가 '도달하고 싶은 교육'이기 때문이다. '도달하고 싶은 교육'의 실현은 연쇄적으로 이어져 그 아이와 그 아이와 관련된 모든 사람의 삶에 변화를 가져온다. 그리고 그 변화가 교사, 부모, 아이 자신과 반 아이들의 다음 목표를 향한 자연스러운 발걸음으로 이어진다.

'우선 할 수 있는 것부터'

비록 작은 실천일지라도, 그 작은 교육의 실현은 실제로 삶을 변화 시켜 나간다.

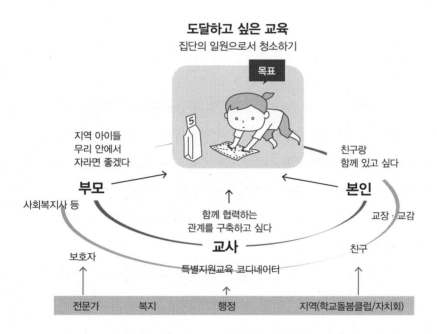

도달하고 싶은 교육
집단의 일원으로서 청소하기

목표

지역 아이들
무리 안에서
자라면 좋겠다

부모

친구랑
함께 있고 싶다

본인

사회복지사 등

함께 협력하는
관계를 구축하고 싶다

교장·교감

교사

보호자

친구

특별지원교육 코디네이터

| 전문가 | 복지 | 행정 | 지역(학교돌봄클럽/자치회) |

Part 5

팀에서 이루기 위한
정보 공유

활동 단위가 아닌 수행(행동) 단위 보기 - 작업수행 평가하기

　목표를 달성하기 위해서는 실현하고자 하는 작업을 구체적으로 분석한다. 분석이라고 해서 어렵게 생각하지 말고, 활동 수준에서 할 수 있는지 없는지가 아니라 공정(단계) 단위로 생각하는 것만으로도 우선은 괜찮다.

　참고로 작업치료사는 양성학교에서 기초작업학이라는 학문을 배운다. 그 속에서 다양한 활동을 과제 수준→공정(단계) 수준→행동(기술) 수준, 나아가 각각의 행위에 필요한 능력으로 세분화하여 분석하는 것을 배운다.

　그럼, 활동을 과정별로 생각해보자.

과제와 단계와 목적지향적 행동

과제	밥 짓기		
단계	쌀을 씻는다	물을 넣는다	밥을 짓는다
목적 지향적 행동	쌀에 손 뻗기 쌀 가져오기 내솥으로 가져가기 내솥에 쌀 넣기 수전에 손 뻗기 수전 잡기 수전 돌려 물 틀기 쌀에 손 넣기 쌀 씻기	내솥 옮기기 내솥 들어올리기 밥솥에 넣기 물 가지러 가기 물 옮겨오기 물 들어올리기 물 붓기 눈금 보기	밥솥 뚜껑에 손 뻗기 뚜껑 잡기 뚜껑 닫기 스위치에 손 뻗기 기다리기 종료음이 날 때 알아차리고 일어나기

쉬는 시간에 항상 혼자 책을 읽고 친구들과 잘 놀지 않는 2학년 남학생이 있었다. 담임교사는 고학년이 되었을 때 친구들과 모임이나 위원회 활동, 그룹 활동 등을 할 수 있기를 기대하며, 이를 위해 2학년 때 놀이를 통해 친구들과 교류할 수 있으면 좋겠다고 했다.

그래서 '친구와 쉬는 시간에 즐겁게 놀 수 있다'라고 하는 '도달하고 싶은 교육'의 목표를 세웠다. 친구와 쉬는 시간에 즐겁게 놀 수 있는 활동에는 다음과 같은 단계의 과정이 있다.

단계 1. 친구의 초대 요청에 응하기

단계 2. 친구와 한 가지 놀이를 공유하기

단계 3. 의견 차이에 관해 이야기하기

단계 4. 놀이가 바뀌어도 다시 그 놀이에 참여하기

단계 5. 다시 놀자고 약속하기 등

각 단계를 보고 '할 수 없는 것'과 '할 수 있는 것'을 나열해보자. 여기서는 단계 2의 친구와 한 가지 놀이를 공유하는 것에 대해 예를 들었다.

[단계 2] 친구와 하나의 놀이를 공유한다.

할 수 없는 것(문제점)	할 수 있는 것(강점)
• 친구의 놀이에 관심이 없다. • 친구의 서클에 들어가지 않는다. 없어진다. • 친구에게 맞추려고 하지 않는다. • 눈맞춤이나 대답을 하지 않아 함께 하고 있다는 생각이 들지 않는다.	• 자신이 좋아하는 것에 집중할 수 있다. • 포켓몬 이야기가 나오면 친구들 사이에 끼어들 수 있다. • 어린아이에게 친절하게 대할 수 있다(나이가 어린 동생 등 명확한 관계에서는 상대에 맞춰서 행동한다).

친구들과 교류의 즐거움을 알려주고 싶다!

단계	행동/기술	실현을 위한 전략 회의
친구를 초대한다.	▲ 친구의 놀이에 흥미를 느끼지 못한다.	* 관심 있는 놀이로 교류의 장을 만들면?
친구와 놀이를 공유한다.	△ 교류의 장에서 멀어진다.	* 멀리 떨어져 있지 않은 방에서 활동하면?
의견 차이에 관해 이야기한다.	△ 상대방에게 양보하지 않는다.	* 어울리지 않고도 놀 수 있는 방법은? * 상대에게 맞출 수 있게 교사가 연결해주면?
다음 약속을 한다.	◎ 자신이 좋아하는 놀이는 계속한다.	* 계속할 수 있다면 교류의 장에서 사라지지 않겠지?
	◎ 친구의 방식을 부정하지 않는다.	* 어린 동생들과 교류하거나 역할 활동을 시도해보자.

팀에서 실현해내기 위한 관점

친구들과 교류의 즐거움을 알려주고 싶다! · 구체적인 목표

목표를 수행하는 데 있어서의
구체적인 문제점과 강점

실현을 위한 팀 회의

단계	행동/기술	실현을 위한 전략 회의
친구를 초대한다.	▲ 친구의 놀이에 흥미를 느끼지 못한다.	* 관심 있는 놀이로 교류의 장을 만들면?
친구와 놀이를 공유한다.	△ 교류의 장에서 멀어진다.	* 멀리 떨어져 있지 않은 방에서 활동하면?
의견 차이에 관해 이야기한다.	△ 상대방에게 양보하지 않는다.	* 어울리지 않고도 놀 수 있는 방법은? * 상대에게 맞출 수 있게 교사가 연결해주면?
다음 약속을 한다.	◎ 자신이 좋아하는 놀이는 계속한다.	* 계속할 수 있다면 교류의 장에서 사라지지 않겠지?
	◎ 친구의 방식을 부정하지 않는다.	* 어린 동생들과 교류하거나 역할 활동을 시도해보자.

이렇게 그 아이(사람), 그 학급(환경), 그 기대되는 활동(작업)을 할 때 '할 수 없는 것(문제점)'과 '할 수 있는 것(강점)'을 구체적으로 분석하는 것을 '작업수행평가'라고 한다. 작업수행평가를 통해 할 수 있는 방법이나 관여 방법에 대한 제안이 나오게 된다. 이 남자아이의 팀 회의에서는 다음과 같은 제안이 논의되었다.

"친구들의 놀이에는 흥미를 느끼지 못하지만, 자신의 놀이에는 흥미를 느끼고 스스로 참여할 수 있어요. 그렇다면 이 아이가 관심 있는

것을 선택하도록 반영하는 것은 어떨까요?"

"동생에게 형으로서는 양보해줄 수 있으니 1학년과 함께할 수 있는 역할이나 활동으로 교류의 기회를 만들어보는 것은 어떨까요?"

이러한 제안은 교사, 학부모, 실무사, 보육교사 등 다양한 입장의 사람들이 각각 자신이 할 수 있는 일로부터 제안할 수 있다. 중요한 교육을 실현하기 위해 '우선 할 수 있는 것부터'라고 전제한 전략 회의를 하는 것이다.

실현 가능한 관점이란 '할 수 있는 것을 늘리는' 관점

긍정적 행동 지원

긍정적 행동 지원(PBS)[15]이라는 접근이 있다.

이는 학생의 문제행동에만 초점을 맞추는 것이 아니라, 그 상황에 적합한 행동, 바람직한 행동, 기대되는 행동 또는 할 수 있는 행동에 초점을 맞추는 개념이다.

문제에만 초점을 맞추는 '문제행동 중심형'에서 적절한 행동에 초점을 맞춰 구체적인 해결 방안까지 도달하는 '적응행동 중심형'으로의 전환이라고 할 수 있다.

인간이 어떤 상황에서 할 수 있는 행동은 하나밖에 없다. 학생이 어

---

15 Positive Behavior Support, 다양한 분야에 걸쳐 긍정적 지원을 시스템으로 접근하는 접근법.(일본긍정적지원행동네트워크 https://pbsjapan.com/about-pbs/)

떤 상황에서 그 장면에 맞는 행동을 하지 못하기 때문에 결과적으로 문제행동이 발생하게 된다. 반대로 그 상황에서 적절한 행동을 취하면 결과적으로 문제행동은 줄어든다. 즉, 문제행동을 줄인다는 생각에서 바람직한 행동, 적절한 행동, 기대되는 행동을 늘린다는 생각으로 발상을 전환하는 것이다.

(참고 자료 : 이시쿠로 야스오, 미타치 나미 『참여형 경영으로 학생지도가 바뀐다』 제1판, 도서문화사, 2015)

해서는 안 되는 행동을 줄이려 하면, 문제에 집중해서 잘못할 때 문제를 알게 하고, 반성하게 하고, 다음에 실패하지 않도록 가르치는 방식이 된다.

할 수 있는 것을 늘리려면 할 수 있는 것을 알려주고, 자신감을 심어주고, 할 수 있는 것을 더 많이 할 수 있도록 응원하고, 할 수 있는 것을 함께 기뻐하는 방식이 된다.

둘 다 '할 수 있다'를 늘리기 위한 방법이지만, 후자 쪽이 교사도 아

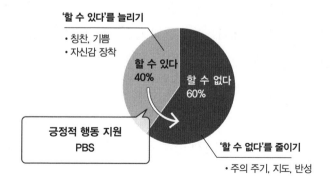

이도 즐겁게 임할 수 있고, 좋은 관계를 맺기 쉬운 것 같다. PBS는 주로 이쪽을 중시하는 방식이다.

지금까지의 경험으로 볼 때, 실현을 위한 전략 회의를 통해 선택되는 수단은 '할 수 있는 것'을 늘리기 위한 관점의 접근이 많았고, 할 수 있는 것을 늘리려 한 교사를 통해 아이들의 변화도 눈에 띄게 나타나는 것을 볼 수 있었다.

'할 수 있는 것'을 늘리는 관점의 수업 만들기

한 초등학교에서 수다를 떨거나 노트를 쓰지 않는 등 수업 거부가 심해 수업이 이뤄지지 않는다는 4학년 학급의 상담을 받았다. '아이들이 즐겁고 주체적으로 수업에 참여하면 좋겠다'는 선생님이 '참여할 수 있는 것을 늘리는' 교육을 실현할 수 있도록 팀 협력을 통해 정보를 제공했다.

선생님은 아이들이 앉아 있기 위해 노력이 많이 필요하다는 것 그리고 아이들이 사실은 활동하고 싶어 하고 교사를 신경 쓰고 있다는 것을 알게 되었다.

"열심히 하라고 강요하는 것보다 아이들이 '발표하고 싶다'는 마음을 키우는 쪽을 택하고 싶다."

그래서 선생님은 수업 중에 여러 번 움직이고 서서 이동하는 수업 스타일을 만들었다. 아이들은 앉아 있는 것에 대한 스트레스가 줄어들었고, 발표할 기회를 활용해 수업 중 절반 이상의 아이들이 손을 드는 수업이 되었다.

아이들의 성장력은 우리가 예측하는 것보다 훨씬 더 크고, 할 수 있는 것을 마음껏 펼칠 수 있는 환경 조성이 아이들의 체질에 맞는 것 같다.

정보의 질과 양 그리고 타이밍

전문가로서의 사명감과 정보 제공

"전문가는 클라이언트가 겪고 있는 문제의 원인을 전문적으로 분석하여 개선과 치료로 이어질 수 있는 전문적인 정보를 제공하는 것이 사명이라고 생각하기 쉽다."

이것은 앞에서도 소개한 『강점 모델』에 나오는 한 문장이다. 나도 이 말을 접했을 때, 그동안 좋게만 생각했던 것을 다시 한번 생각하는 계기가 되었다.

학교 방문을 시작했을 때, 눈앞에 보이는 아이들의 모습(현상)에서 전문가로서 알 수 있는 여러 가지를 교사에게 알려줘야 한다는 사명감을 나도 모르게 느꼈다. 앞의 후미야의 사례(128쪽 참조)에서 보듯이, 그 정보로 인해 현장의 교사를 곤란한 상황에 몰아넣은 쓰라린 경험도 있다.

당시에는 자원봉사자였기 때문에 교장이나 담임교사로부터 피드백을 받기도 했다. 그 덕분에 지나친 전문가 방식을 수정할 수 있었고, 지금은 '전문가 우선주의'라는 생각은 없어졌다. 그 경험에서 전문가들이 정보의 질과 양 그리고 제공하는 타이밍에 대해 충분히 주의를 기울여야 한다는 것을 배웠다.

학교에 들어가는 문화가 없는 작업치료사의 불안감

학교 방문을 시작한 초기의 나는 '깨물기', '도망가기' 등 문제가 있다고 생각되는 행동을 목격했을 때, 아이가 어른들에게 열심히 메시지를 보내는 상황으로 느꼈고, 이 아이를 지켜야 한다는 사명감에 휩싸였다.

전문가들은 아이들의 행동에서 말로 표현하지 못하는 마음도 읽어낸다. 어른들에게 전달할 수 있는 것은 자신들뿐이라고 생각하니 그 사명감은 더욱 커진다.

또 원래 학교 현장에 작업치료사가 관여하는 문화가 없다. 그래서 작업치료사의 필요성을 전달하는 것은 병원에서 처음부터 재활을 목적으로 하는 사람에게 설명하는 것보다 더 어려울 수 있다. 무엇을 위해 방문했는지, 작업치료사는 어떤 사람이며, 무엇을 할 수 있는지… 작업치료사들도 그 환경에 대한 불안감을 가지고 있기 때문에 빨리 명확한 관계를 맺고 싶어 조급해하는 것도 사실이다. 그런 상황도 전문적인 정보를 제공하고 싶게 하는 요인 중 하나라고 생각한다.

한 작업치료사로부터는 '학교 현장에서 전문적인 정보를 제공하지 않는다면 우리가 무엇을 위해 방문하는지 모르겠다. 도움이 되는 존재로 학교에 받아들여지기 위해서도 필요한 일이다'라는 조언을 받은 적도 있다.

이렇듯 받아들여지는 데 노력이 필요한 현장이라는 점도 전문적 정보 제공에 조급한 상황을 만들어내고 있다고 느낀다.

전문적 정보가 제한하는 것

하지만 전문적 정보는 여러 가지를 제한한다. 문제를 우선시해서 해결하려는 관점 때문에 전문가의 정보는 (증상, 장애 등에 대해 규명하며) '문제'로서 다뤄진다. 그리고 그 문제를 해결하기 위해 교사나 부모, 아이가 노력을 기울일 것을 강요한다.

또한 '주의력 장애', '과민성', '자폐증' 등의 전문용어로 그 문제나 원인을 특별한 것으로 인식하고, 생활에 특별한 개입을 해야 하는 것이 아닌가 하는 생각이 들게 한다. 이로 인해 지금까지 자유롭게 한 활동이나 생활 속에서 해왔던 것에 대해 교사나 부모가 의문을 갖게 되기도 한다. 문제 해결을 위한 특별한 관여는 결코 나쁜 것이 아니지만, 교사의 '도달하고 싶은 교육', 아이 자신이 하고 싶은 것, 부모가 아이에게 기대하는 것 등에 마음을 열고 그 실현을 위해 주체적으로 참여하고자 하는 협력관계를 구축하는 것을 어렵게 하는 경우가 많다.

정보 제공 시 주의해야 할 점

그렇다면 정보 제공 시에는 어떤 점에 유의해야 할까? 내가 학교 현장에서 특히 주의하는 3가지 포인트를 정리해보았다.

1. 평가와 정보 제공의 목적 전달

'정보를 제공한다'는 것은 그만큼 책임이 따르는 일이라는 것을 항상 염두에 두고, 특히 학교 현장에서는 교사의 자유로운 선택을 빼앗지 않도록 주의하고 있다.

유이마와루에서는 교사의 '도달하고 싶은 교육'이나 부모가 원하는 삶, 아이가 하고 싶은 일에 대해 우리는 절대적으로 무지하다는 자세를 유지한 채, 흥미를 가지고 알려드리는 것부터 시작한다. 그리고 그 '도달하고 싶은 교육'의 실현을 위해 평가하고 정보를 제공하는 것을 미리 알려드리고 있다.

우리가 평가하고 정보를 제공하는 것은 '도달하고 싶은 교육'을 실현하는 것이 목적임을 교사와 부모에게 알린다. 그래야 이후에 교사와 부모가 평가와 정보를 자유롭게 활용할 수 있게 연결되기 때문이다. 이 절차(정보 제공의 타이밍)는 절대적으로 필요한 것으로 간주하고 있다.

2. 정보의 형태를 교사가 사용하는 언어에 맞게 조정

우리는 전문용어를 사용하지 않는 것은 물론, 교사가 사용하는 단어에 맞춰 정보의 형태(정보를 표현하는 단어)를 정돈한다.

예를 들어 '과잉행동'이라는 말도 '시끄럽다', '활기차다', '안절부절 못하다', '열심히 하고 있지만 참지 못한다' 등 그 상태를 표현하는 단어를 많이 사용한다. 표현하는 단어를 조정해서 맞추는 것은 교사가 그 사안에 대해 친근감을 느끼고, 생활 속에서 당연하게 받아들일 수 있는 정보로 받아들이도록 도와준다.

또한, 교사가 '안절부절못하고……'라고 표현한 것에 대해 작업치료사가 '그건 주의 산만으로, 다른 것에 신경을 빼앗기는군요'라고 표현하면, 안절부절못하는 것은 바로 '증상'으로 인식될 수 있다.

또는 우리가 교사가 '안절부절못한다'고 한 행동을 '활기차다'라고 하면 교사에게는 아이의 행동을 긍정적으로 표현하지 않았다는 것을 인식하게 하고, 교사에게 억지로 긍정적인 생각을 하게끔 강요하게 될 수도 있다.

'안절부절못함=활기차다'라고 하는 표현으로 긍정적으로나 부정적으로 해석될 수 있어서, 유이마와루에서는 정보 제공의 목적이 충분히 공유되지 않은 상황에서는 선입견을 갖게 할 수 있는 리프레이밍이 되지 않도록 주의를 기울인다.

3. '해보자!'로 이어지는 정보의 질과 양

'도달하고 싶은 교육'이 명확해지고, 그 실현을 위해 노력할 것을 계약한 후 정보를 제공한다. 이 타이밍에 더해 교사나 부모, 아이가 '그래!', '그래서 그런가', '그러면 이렇게 해보자'라고 정보를 활용할 수 있도록 그 양과 질에도 신경을 쓴다.

작업치료사가 실시하는 작업수행평가는 전달하고자 하는 교육을 그 아이가 이 반에서 친구들과 함께 할 때의 문제점과 장점을 구체화함으로써 팀이 '이렇게 하면 할 수 있다'는 것을 생각하도록 돕고 있다.(170쪽 참조)

학교와 연계하는 노력

학급 만들기에 대한 노력

담임교사는 30~40명의 아이를 보면서 학급을 운영한다. 때로는 그 학급에 '도달하고 싶은 교육'이 전해지지 않는다고 느끼는 아이가 여러 명 있는 경우도 있다. 담임교사, 교감, 특수교육 코디네이터와 협의하여 때로는 학급 전체에 관여할 때도 있다. 교사가 안심하고 학급운영에 참여하여 교육을 전달할 수 있어야 대상 아동을 포함한 학급 아이들이 건강해질 수 있기 때문이다.

1. 교사가 기대하는 학급 만들기를 파악한다

이야기를 듣고 학급 만들기를 지원할 때도 전문가는 반드시 교사가 이 학급에 바라는 것, 배우고 싶어 하는 것이 무엇인지 듣는다. 학급 전체 운영이 잘되지 않아 담임교사가 불안해하는 경우, 처음에는 현재의 문제점에 관해 이야기하기 쉽지만, 작업치료사는 그 문제의 문 너머에 있는 '도달하고 싶은 교육'에 대해 들어야 한다.

2. 담임교사의 교육 실현을 위해 학급 전체를 평가한다

학급을 관찰할 때는 '자리를 비운다', '노트를 꺼내지 않는다' 등 보이는 행동에 대해 옳고 그름을 판단하지 않고 하나의 현상으로 바라본다. 왜 자리를 떠났는지, 왜 노트를 내지 않았는지 등 행동을 통해 아이들의 상황을 파악하는 것이다.

잘못해서 혼난 경험이 많아 주변의 기대에 반하는 행동을 선택하는 아이, 웃고 있지만 글씨를 쓰거나 칠판을 보거나 이야기를 듣는 등 수업에 필요한 행동을 하지 못해 힘들어하는 아이, 누구보다 교사의 관심을 끌기 위해 장난을 치거나 수업에 끼어드는 아이 등의 행동, 있는 그대로의 행동을 수집한다.

작업치료사는 사람의 행동을 분석하는 전문가이기 때문에 행동에서 사람의 의도도 쉽게 파악할 수 있고, 행동에서 아이들의 마음을 조금이나마 느낄 수 있다. 그런 아이들의 소망도 정보로 수집한다.

3. 교사와 협동적으로 수업을 만든다

교사가 하고 싶은 학급 만들기를 위해 아이들이 잘할 수 있도록 정보를 제공하고, 교사의 학급운영을 지원한다.

이러한 개입은 '할 수 없기 때문에 배려하는 것'이 아니라 '기대하는 것, 할 수 있게 되기를 기대하는 것을 실현하기 위해 교사가 교육 전달 방식을 자유롭게 만들어가는 것'이라는 생각을 바탕에 두고 있다.

아동의 가정환경에 대한 접근 - 아동의 빈곤 문제와 작업치료

아동의 가정환경(아동 빈곤 문제)

유이마와루가 관여하는 아동 중에는 가정환경이 복잡한 아동도 있다. 오키나와에서는 29%의 아동이 상대적 빈곤 상황에 있다고 한다.

빈곤의 개념에는 '절대적 빈곤'과 '상대적 빈곤'이 있다.

'절대적 빈곤'은 사람이 살아가는 데 필요한 것은 식량, 의료 등 그 사회 전체의 생활 수준과 관계없이 결정되는 것으로 그것이 결핍된 상태를 말한다. 즉, 생명을 유지하는 데 필요한 최소한의 의식주가 부족한 상태를 말한다. 우리가 '빈곤'이라고 하면 일반적으로 떠올리는 것은 이런 빈곤이 아닐까 싶다.

'상대적 빈곤'은 사람이 어떤 사회 속에서 살아가기 위해서는 그 사회의 '정상' 생활 수준에서 일정 범위 이내의 생활 수준이 필요하다는 생각에 기반한 것으로, 그 지역이나 사회에서 '정상'으로 여겨지는 생

상대적 빈곤율 29.9%

3명 중 1명의 아동이 경제적 빈곤 상황

오키나와현 시청촌 데이터를 이용한 아동빈곤율 추계

샘플	A	B(참고)	국가(참고)
지자체수	8	35	
세대수	412,805	555544	
세대수	203,591	277,710	
아동수	203,591	277,110	
2010년 국제조사에 의한 오키나와 전체 아동수에 대한 비율	약 68%	약 93%	
아동 상대적 빈곤율	29.9%	집계 불가	16.3%
18~64세 어른이 1인 세대 재분배 전 아동빈곤율	58.9%, 32.4%	집계 불가, 33.9%	54.6%

출처 : 『오키나와 아동 빈곤 백서』 제1판 (2017년, 카모가와 출판)

활을 누리지 못하는 상태이다. 즉, 그 나라의 문화 수준, 생활 수준에 비해 적정 수준의 생활을 영위하기 어려운 상태를 말한다.

상대적 빈곤은 아이의 삶에 큰 영향을 미친다. 엄마와 함께 공원에 가본 적이 없다거나, 주말에 놀러 가거나 영화를 보러 간 적이 없다거나, 목욕이나 양치질하는 습관과 방법을 배울 수 있는 환경이 아니거나, 따뜻한 밥을 지어주거나 가족이 둘러앉아 밥을 먹어본 적이 없는 등 부모가 일상적으로 하는 일을 할 수 없는 상황은 아이들의 가정생활뿐만 아니라 학교생활, 나아가 사회참여에도 큰 영향을 미친다.

그 배경에는 낮은 급여로 인해 장시간 노동과 맞벌이를 해야 하는 상황, 부모 중 한 명이 혼자서 가정을 지켜야 하는 상황 등 다양한 상황이 복합적으로 작용한다.

상대적 빈곤은 아이들의 고립된 환경을 만들어내고, 아이들의 다양한 생활에 영향을 미친다. 그러므로 아동의 생활환경이 미치는 영향과 학교생활 및 학습 보장에 대해 앞으로도 계속 연구해나가야 할 필

아동의 빈곤이 미치는 영향

삶에 미치는 영향	학습에 미치는 영향
삶에 미치는 영향	학력, 진학
사회와의 연결	부등교 상황(초, 중, 고교)
양육환경	중퇴 상황
식생활	자기긍정감
공공요금 지불	불량행위 청소년 연행 인원
한부모세대 비율	진로 미결정률
통학률	젊은 실업자 상황
물품 소유 상황	

출처 : 『오키나와 아동 빈곤 백서』 제1판, P56 (2017년, 카모가와 출판)

요성을 느낀다.

가정환경과 학교생활에 대한 대처

'아동빈곤대책의 추진에 관한 법률' 2013년 6월 26일

(기본이념)

제2조 아동빈곤대책은 아동 등에 대한 교육지원, 생활지원, 취업지원, 경제적 지원 등의 시책을 아동의 미래가 그 출생과 성장환경에 의해 좌우되지 않는 사회를 실현하는 것을 목적으로 하여 추진되어야 한다.

아이들이 태어나고 자란 환경에 좌우되지 않고, 학교생활이 보장되고, 교육을 받고, 친구들과 놀고, 자유롭게 하고 싶은 것을 선택할 수 있는 삶을 우리 유이마와루도 소중히 여기고 있다.

여기서는 유이마와루가 가정환경과 학교생활을 어떻게 상담하고 있는지를 소개한다.

아이의 가정환경의 영향과 학교생활에 대해서는 가정과의 연계가 중요하다. 하지만 당장 가정환경을 바꾸기는 어렵고, 쉽게 문제가 해결되지 않는 것도 사실이다. 우리는 가정환경이 학교에 영향을 미치는 사례에서도 '도달하고 싶은 교육'을 실현할 수 있도록 팀을 구성하여 관여하고 있다.

● **가정환경의 영향으로 학습에 집중할 수 없었던 소년**

미나토(가명)는 초등학교 2학년으로 지원학급[16]에 다니고 있다. 담임 교사로부터 들은 당시의 그의 상황이다.

미나토는 학습이 늦어 아직 히라가나를 다 쓰지 못한다. 등교 시간이 일정하지 않고 지각이 잦고, 학교에 오면 졸려 하고 피곤해한다. 수업 시간에 4, 5자 연습을 하면 "이제 그만!"이라고 하며 학습을 중단하고, 이후에도 다시 시작하는 데 시간이 걸린다.

미나토의 집은 부모가 모두 정신적으로 불안정하고 직업도 안정적이지 않아 경제적으로 어려운 상황이었다. 어머니는 육아에 충분히 힘을 쏟지 못해 집안일 전반을 미나토가 도맡아 하고 있었다. 집에 돌아온 미나토는 집안일을 하는 것만으로도 벅차서 공부나 학교에 갈 시간을 낼 수 없었다. 그리고 어려운 집안일에 실패하면 매일 화를 내며 정신적으로도 불안정한 상태였다.

이런 상황에서 학교는 가정환경의 문제가 해결되지 않으면 학교생활과 학습의 안정을 기대할 수 없다며, 2년간의 지원회의에서는 미나토의 가정환경을 어떻게 안정시킬 것인지, 부모의 부담을 어떻게 덜어줄 것인지에 대한 논의를 해왔지만, 좀처럼 진전이 없어 지금에 이르렀다.

---

16   특별지원학급: 우리나라의 특수교육을 일본에서는 특별지원교육이라고 하며, 특수학급을 특별교육지원학급이라고 한다. 여기서는 이를 줄여 지원학급이라고 했고, 국내에서는 도움반이나 개별학습반 등으로 불리기도 한다._옮긴이

1. '도달하고 싶은 교육'으로 목표를 수립하기

선생님과 어머니에게 아이에게 기대하는 것, 할 수 있으면 하고 기대하는 것이 무엇인지 물어보았다. 선생님은 미나토가 '더 공부할 수 있게 되었다고 느끼고 즐거워하면 좋겠다', '할 수 있는 것을 제대로 인정해주면 좋겠다'고 말씀하셨다. 어머니도 '공부를 할 수 있게 되면 좋겠다', '내가 엄마로서 잘하지 못해서 공부를 못하는 거다'라고 말씀하셨다.

그래서 다음 3가지의 '도달하고 싶은 교육'을 팀의 목표로 삼았다.

> **목표 1. '공부할 수 있게 되었다'는 성취감을 가질 수 있다.**
> **목표 2. 학교에서 배운 것을 어머니와 공유할 수 있다.**
> **목표 3. 안정적으로 등교할 수 있다.**

2. 목표 달성을 위한 평가와 정보 공유

이 구체적인 목표에는 가정환경이 크게 영향을 미치는 것과 그렇지 않은 것이 있다. 목표 2와 목표 3은 가정환경이 영향을 미치지만, 목표 1은 학교에서 바로 실천할 수 있다. 우리는 우선 목표 1부터 해결하기로 했다.

미나토가 성취감을 가지고 학습을 하는 데 여러 가지로 어려움을 겪고 있다는 것을 알 수 있었는데, 그중 문제가 되는 것은 다음 4가지로 보았다.

수행상의 문제점

- 의자에 계속 앉아 있으면 각성이 떨어진다.

- 손가락의 분리 운동이 불충분하여 연필을 잘 잡을 수 없다.

- 연필로 글씨를 쓰면서 노트를 고정하는 등의 양손 동작을 할 수 없
  다(왼손은 자세를 유지하는 데 사용하기 때문).

- 필기감(연필의 감각적 피드백)이 전달되지 않아 잘 쓸 수 있을지
  불안감이 크다.

한편, 다음과 같은 미나토의 강점(장점)도 알 수 있었다.

수행상의 강점

- 글을 잘 쓰고 싶은 마음이 강하다.

- 할 수 있다고 생각되는 것에는 집중해서 할 수 있다.

- 한번 시작하면 습관적으로 계속할 수 있다.

3. 성취를 위한 노력

선생님은 미나토가 글을 쓰는 동작에 많은 불편함과 스트레스를 느
낀다는 것을 알게 되었고, 우선 그것을 줄이고 싶다고 말했다.

그래서 미나토가 불편해하는 4가지 어려움을 줄이고, 미나토의 힘
을 잘 살려 글씨를 쓸 수 있는 문구류를 만들었다. 잡기 편하고 적당
한 무게감을 느낄 수 있는 연필, 필기감을 강하게 느낄 수 있는 밑받
침, 양손 사용을 잘하지 못해도 불편하지 않은 바인더 등을 선생님은

"이건 다른 아이들도 사용할 수 있게 해주고 싶다"라고 이야기하며 만들었다. 미나토는 새롭게 고안한 문구류로 글씨 연습을 했다. 그는 글자를 쓰고 나서는 엄지손가락을 치켜세워 '좋아요' 사인을 보내며 웃으며 말했다.

"선생님, 이거 쓰기 쉬워요!"

그날 우리는 평소보다 6배나 많은 글씨 쓰기 연습을 했다. 5개월 후, 미나토는 모든 히라가나를 다 외웠고, 수업 시간에 노트를 쓸 수 있게 되었다. 글씨를 쓰는 것을 좋아하게 되었고, 학교에서 친구들에게 편지를 쓰는 것이 즐거워졌다고 했다.

4. 팀으로 함께 노력하기

어머니, 담임, 교장, 교감, 학교사회복지사, 아동가정과, 육아지원

연필에 손을 맞추기가 어려워서 미나토의 손에 연필이 맞도록
미끄럼 방지 쿠션을 연필에 감고 있다.

과, 장애인복지과가 모여 팀 회의를 했다. 그전까지 팀 회의는 가정생활의 개선을 위해 논의했지만, 이날은 담임선생님이 도달하게 하고 싶은 교육을 실현하기 위해 만든 문구류와 그것을 이용하여 글자를 즐겁게 배울 수 있었고, 이제는 노트까지 쓸 수 있게 되었다고 보고했다.

어머니는 눈물을 흘리며 "공부를 할 수 있게 되어 기쁘다"고 말했다. 선생님은 어머니에게 "앞으로 더 많은 것을 할 수 있을 거예요. 어머니는 미나토가 성장하는 것을 함께 기뻐해주세요. 엄마만이 할 수 있는 일이니까요"라고 전했다.

가정환경과 학습환경의 개선을 병행

미나토의 경우, 가정환경의 영향을 크게 받지 않는 목표부터 팀으로 접근했지만, 중요한 것은 노력의 목적(목표)이 '도달하고 싶은 교육'이라는 점이다. 교육인 이상, 당장 할 수 있는 것부터 시작한 학교생활의 영향이 다른 일이나 환경(친구, 학급에서의 역할 등)에 영향을 미치기 때문이다.

미나토는 글씨를 쓰는 공부에서 성취감을 느꼈다. 교사의 '도달하고 싶은 교육'의 실현은 미나토에게 '노트를 쓰고 싶다'는 생각이 들게 하여 수업에 계속 참여하는 데 영향을 주었고, 학교에서 친구에게 편지를 쓰면서 친구들과의 교류도 생겨났다.

미나토가 학교에 가고 싶어지게 된 것은 공부에 대한 성취감뿐만 아니라 수업 참여라는 '기대되는 작업'을 할 수 있게 된 것, 친구들과 쉬는 시간에 놀 수 있게 된 것 등 학교생활의 변화 때문으로 보인다.

가정환경은 학교생활에 큰 영향을 미치기 때문에 가정환경에 큰 문제가 있는 경우, 그 생활의 안정이 우선시 될 수도 있다. 하지만 여러 노력으로도 가정환경의 개선이 잘 이루어지지 않으면 그 생활 속에서 학습도 보장되지 않는 상황이 지속될 수밖에 없다. 학교생활은 아이들의 미래를 위해 중요하기 때문에 가정환경의 개선과 함께 학습환경의 개선도 조속히 이뤄지는 것이 중요하다.

'졸업'이 가져오는 임파워먼트

유이마와루의 '졸업'이란 무엇일까?

유이마와루의 이념은 아이들이 학교나 가정과 같은 생활의 장소에서, 아이가 하고 싶은 것이나 아이에게 기대되는 것을 본인의 힘을 최대한 활용하여, 자기가 할 수 있는 것으로부터 생활에 참여하는 것이다. 그리고 그 삶의 실현을 아이 자신, 보호자, 교사, 친구 등 그 환경에서 함께 생활하는 사람들의 힘으로 만들어가는 것이다.

지금까지 소개한 과정은 모두 이를 위해 필요한 것들이다. 그리고 아이가 실제로 이런 생활에 참여할 수 있게 되었을 때, 유이마와루를 '졸업'한다.

유이마와루의 '졸업'은 교사와 보호자가 자신들의 교육과 가정 보육 속에서 아이를 키울 수 있고, 성장을 느낄 수 있다고 판단했을 때 결정한다. 아이는 언제까지나 성장하고, 부모는 '이것으로 충분할까?'라는 의문을 품고 육아에 임하고 있다. 그래서 '완전히 성장한 졸업'이 아니다. 이 생활환경에서 키울 수 있는 성장을 기대할 수 있으면, 곧 졸업의 자격이 된다.

유이마와루의 졸업과 삶의 변화

2016년 1월부터 지금까지 102명의 아이와 함께 할 수 있었다. 그중 5명이 이미 지원을 '졸업'했다(2018년 7월 말 기준).

물론, 여러 가지 이유로 졸업에 이르지 못하고 중단한 경우도 있다. 또한, '졸업' 이후의 상황을 확인하지 않았기 때문에 '졸업'의 기준도 앞으로 연구해나가야 할 과제라고 생각한다.

그럼에도 불구하고 상황을 확인한 결과, 졸업 후에도 학교에 계속 참여했던 아이는 50명, 졸업까지의 평균 기간은 9개월이었다.

유이마와루를 졸업한 후 아이들이 스스로 학교에 가거나 수업에 참여할 수 있게 되는 삶의 변화는 물론이고, 교사와 보호자의 변화도 큰 것 같다. 그것은 '장애와 어떻게 마주해야 하는가?'라는 관점에서 '이 아이의 삶에서 어떻게 성장시켜야 하는가?'라는 관점으로 바뀌는 것이 큰 영향을 끼친 것 같다.

유이마와루에 상담하러 오는 보호자 대부분은 처음에는 아이의 생활에 불안감을 느끼고, 미래에 대한 기대가 크지 않아 보였다. 아이와의 관계에 대해서도 '이대로 괜찮은 걸까요?', '이럴 때는 어떻게 해야 할까요?'라며 해결책을 찾는 경우가 대부분이다.

하지만 '졸업'한 아이의 부모들은 다음과 같이 삶의 변화와 아이의 성장, 자신만의 아이와 마주하는 방법을 웃으며 이야기한다.

"요즘 아이가 친구 이야기를 많이 해요."

"아직 글씨를 잘 못 쓰지만, 스스로 숙제하는 시간을 정하게 되었어요."

"공부하고 싶다고 하지는 않지만, 요즘은 대형마트에서 점심을 먹으면서 함께 공부하고 있어요."

많은 교사도 방문 초기에는 '이대로 괜찮은 걸까?', '전문가에게 지도를 받고 싶다'며 현재의 대처에 불안감을 보이며, 문제 행동의 원인을 찾는 경향이 있다. 그러나 방문 시작 2~3개월 후에는 다음과 같이 변화한다.

"수업 시간에 발표할 때 맞추게 했더니 집중할 수 있게 되었어요."

"이 아이도 달라졌지만, 반 아이들도 다정다감하게 대해주고, 잘 따르는 태도를 보이고 있어요."

"엄마가 열심히 숙제를 봐주셔서 잘하고 있어요."

이렇게 교사들은 아이 스스로 노력한 점, 학급 전체 환경의 이점, 학부모와 함께 노력한 점 등 '도달하고 싶은 교육'의 실현을 위해 다양한 관점에서 현재를 평가하고 있다.

또한, 교사들은 '이대로 괜찮을까?'에서 '이것도 괜찮을 것 같다'로 변화해간다. 실패는 곧 문제라고 느꼈던 것도, 실패는 목적의식을 가지고 노력한 결과이며, 좋은 방향으로 나아가지 못했다는 하나의 정보로써 긍정적으로 받아들이는 것 같다.

또한, 교사 자신이 그 아이를 포함한 학급 아이들의 다양성에 대응하고, 그 대응이 교육에 어떤 영향을 미치는지에 대한 관점을 갖기 시작한다. 다양성에 대한 대응이 교육을 심화시킨다고 느끼고 노력하는 교사가 대부분이다.

'도달하고 싶은 교육'에 초점을 맞춘 노력은 그 교육에 관여하는 아이, 부모, 교사, 친구 등 다양한 사람들의 임파워먼트로 이어진다. 그 때문에 유이마와루 작업치료 서비스를 '졸업'할 수 있는 것이 아닐까 생각한다.

이러한 노력은 학교나 지자체와도 합이 잘 맞아 2018년 7월 현재 10개 지자체, 500개 학교(어린이집, 초등학교, 특수학교)를 순회하고 있다. '졸업'이 있기 때문에 많은 아이와 함께 할 수 있다. 학교를 순회하며 방문하는 작업치료사가 부족한 점이 이제 당면한 과제라고 생각한다.

칼럼

유이마와루에서 배우는 하루하루

학교를 플랫폼으로 한 아동 빈곤 문제 해결에 대한 노력은 아직 걸음마 단계이지만, 여전히 배우는 중이다. 그래도 학교, 행정, 복지 등 많은 분의 도움을 받아 진행하고 있다. 유이마와루는 이러한 활동을 통해 다양한 사람들과 연결되고, 그 연결이 지역을 더 많이 배우는 기회가 되고 있다.

오키나와현 아동생활복지부 아동미래정책과 키사바 켄타 과장으로부터 오키나와현이 직면하고 있는 상황이나 대처, 이후의 기대에 대해 배웠다. 이때 배운 것은 아동의 가정환경에 대응할 때 연결할 수 있었다.

또한, 키사바 과장의 소개로 대담을 나누었던 호세이대학 유아사 마코토 교수의 소개로 2018년 7월 7일, 하에바루의 마에시로 미츠키 과장을 비롯한 직원들, 류큐대학의 미야사토 다이하치 교수와 함께 후생노동성 다카키 미치요시 차관을 방문하여 하에바루에서 진행 중인 프로젝트를 설명하는 기회도 가졌다. 거기서 다카키 차관으로부터 "오키나와에서 이런 노력이 이루어지고 있다는 것에 감동했다. 후생노동성과 문부과학성이 연계하여 추진하고 있는 가정과 교육, 복지의 연계 '트라이앵글' 프로젝트의 모델이 될 만한 사업"이라는 평가를 받을 수 있었다.

트라이앵글 프로젝트

https://www.mhlw.go.jp/file/06-Seisakujouhou-12200000-Shak
aiengokyokushougaihokenfukushibu/0000208377.pdf

Part 6

지역에
전하는 힘

<좌담>
지역으로 나아가는 작업치료

각각 작업치료를 활용해 지역에서 활동을 펼치고 있는 두 명의 작업치료사 'NPO 법인 찬쿠스' 니시카미 타다오미 대표(히로시마현 미하라시)와 'NPO 법인 인에이블'의 미야자키 히로시 이사(효고현 타츠노시)에게 평소에 궁금했던 질문을 해보았다.

돈이 개입되면 어려운가요?

나카마 : 제가 하고 있는 것은 학교 방문입니다. 학교는 공부하는 곳, 지식을 얻는 곳 이상으로, 함께 살아가는 것이 무엇인지에 대해 배울 수 있는 작은 사회라고 생각해요.

그래서 저는 이 일을 미래의 공존하는 사회, 더불어 사는 사회를 위해 아이들이 함께 살아갈 기반을 만들어주는 일이라고 생각합니다. 한마디로 함께 살아갈 아이들을 작업치료 하는 느낌인 거죠. 미래에는 다양한 사람들이 함께 일하는 것에 전혀 위화감을 느끼지 않을 거예요. 그런 아이들을 키우고 싶다는 생각을 하고 있습니다.

그리고 처음부터 많은 요구를 충족시키려고 한 것도 아니고, 요구가 있는지도 몰랐어요. 눈앞에 도움이 필요한 사람이 있고, 거기에 관여하다 보니 많은 요구가 쏟아지는 가운데 대응을 해야 하는 상황에 놓이게 된 것이죠.

지역사회의 필요에 어떻게 기여할 수 있을까 고민하다 보니 시청을 비롯한 지역 주민에게 많은 것을 배웠다는 점을 지금까지 활동을 통해 느꼈습니다. 그래서 지역의 요구를 알고자 하는 마음으로 한 발짝 다가가는 것이 중요하다고 생각합니다.

한편, 요구를 듣고 그것을 구체화하려고 할 때, 역시 지역이 그렇게 쉽게 받아들이는 것은 아녜요. 예를 들어, 자원봉사자로 활동하는 것은 환영하지만 비용이 발생하는 것에 대해서는 반대하는 등 더 어려워지기도 해요.

이런 점에서 지역에 뿌리를 내리기 위한 노력이나 중요하게 보는 것이 있나요?

니시카미 : 제 경우는 돈과 관련해서 곤란한 일은 별로 없습니다. 다만 '찬쿠스는 미하라시의 출자기관이 아니냐?'고 오해하는 사람이 많아요. 저에 대해서도 시에서 고용했다고 생각하는 사람도 있고요…. '아뇨, 그렇지 않습니다'라고 설명하지만, '은둔형 외톨이에게

장소(place)[17] 만들기 사업'이나 '청소년 발달장애인 사회참여형 체험사업' 등 미하라시의 위탁사업도 여러 개 맡고 있는 탓인지, 그 뉘앙스가 잘 전달되지 않습니다.

시는 정해진 예산으로 '이 비용으로 해달라'고 하는데요, 관광협회의 '스바해안공원 바다개방사업'이나 중소기업가 동호회인 '미하라 특수지원학교 기업간담회' 등 민간사업에도 각각 사업비를 받아 진행하고 있는데, 이런 곳에서는 견적서 등을 통해 반대로 '이 정도 비용이면 해낼 수 있지 않느냐'라는 말을 자주 듣습니다.

나카마 : 미야자키 선생님의 경우는 어떤가요?

미야자키 : 저희의 경우, 예를 들어 'NPO 법인 인에이블'의 사업은 장애인 복지서비스 등으로 진행합니다. 또 T-SIP(Tatsuno-Social Inclusion Project)라는 별도의 조직도 만들어서 활동하고 있지만, 참여자들은 각자 생업이 있어서 거기서 수익을 창출하겠다는 생각은 애초에 없습니다.

예를 들어, 여름방학에 '제로원 이벤트'를 하기도 하지만, 거기서 외부비용을 쓰는 일은 없습니다. '도모키친'이라는 식사 이벤트도 시안에서 네트워크를 형성하고 있지만, 기본적으로 완전한 자원 활동입니다.

우리는 오히려 시민 활동 관련 보조금은 가급적 받고 싶지 않아요. 받으면, 예를 들어 그 예산을 받기 위해 이 활동을 하려고 한다든지,

---

17 공간(space)에 대해 개인이 작업의 의미와 가치를 부여하게 되는 곳_옮긴이

예산을 다 써버리기 위해 이런 방식으로 하려고 한다든지, 목적과 수단이 뒤바뀌는 위험을 감수해야 하기 때문입니다.

하지만 관공서에서는 '보조금을 받아주세요'라고 요구하죠. 행정 입장에서는 받지 않으면 공동사업을 할 수 없고요. 예를 들어, 아동지도사 한 명을 파견하는 것도 공동사업이 아니면 할 수 없는 거죠.

나카마 : 그럼 보조금 등이 없어도 경영적으로는 괜찮다는 건가요?

미야자키 : 이른바 수익으로 경영하고 있는 것은 NPO 법인이 모체가 되는 장애인 복지서비스 사업입니다. 그 안에서 충당하고 있습니다.

니시카미 타다오미(西上忠臣)

NPO 법인 찬쿠스 대표. 작업치료사. 큐슈재활대학 졸업. 민간병원, 히로시마현립보건복지단기대학(현 현립 히로시마대학) 조교를 거쳐 2010년 은둔형 외톨이, 발달장애 등 사회참여가 어려운 아이들의 거처를 위해 NPO 법인 찬쿠스를 설립. 다양한 입장의 사람들의 지역참여를 통해 지역의 빈집 재생 등에도 힘쓰고 있다.

NPO 법인 찬쿠스 : 장애 유무, 성별, 연령 등 모든 배경을 넘어, 모두의 작업을 연결하는 커뮤니티를 만들고 있다. 모두의 사회참여를 위해 각자의 활동을 하고 있다. 히로시마현 미하라시에 있다.

지역이 성숙하지 않으면

미야자키 : 제 생각에 두 활동 조직은 전혀 다릅니다. '인에이블'은 어디까지나 이용자 지원이지만, 이용자 지원을 하기 위해서는 그 지역이 성숙해야 한다고 생각합니다. 그 속에서 지원을 해야 의미가 있는 거죠. 이 부분이 성숙하지 않으면 지원을 하려고 해도 기본적으로 움직이지 않을 거라고 생각합니다. 그래서 그 지역을 숙성시키기 위한 방법으로 T-SIP를 만든 거죠.

나카마 : 그런 발상은 어디서 나온 건가요?

미야자키 : 저는 정신병원에서 8년 동안 근무했습니다. 그때 뼈저리게 느낀 것이 있어요. 예를 들어, OT[18](작업치료사)나 재활을 비롯한 내부에서는 사회생활 기술을 익히면 퇴원이 가능하다거나, 치료가 잘 되면 가정생활을 할 수 있다거나, ADL(일상생활 활동)을 향상시켜서 거주할 수 있다거나, 여러 가지 이야기를 합니다. 하지만 현실은 결국 가족이 OK 하면 퇴원, 거부하면 계속 입원하는, 본인의 역량과는 무관한, 극복할 수 없는 환경적 영향이 더 큰 문제입니다. 즉, 퇴원할 때 그 사람에게 맞는 적정성을 판단하는 것이 아니라, 수용하는 사람들의 기술과 태도에 따라 모든 것을 결정합니다. 왜 그럴까 생각해보면, 의료나 간병, 복지 역시 최종적인 책임은 가족에

---

18 작업치료사는 영어로 Occupational Therapist라고 하는데, 이를 줄인 용어이다. 참고로, 물리치료사 Physical Therapist는 PT, 언어치료사 Speech Therapist는 ST로 줄여서 호칭하기도 한다._옮긴이

게 두고 있기 때문입니다. 가족의 책임으로 퇴원하고, 가족의 책임으로 재택 케어를 하는 것이죠.

그래서 가족에게 부담을 주면서 재활을 하는 것이 우리(작업치료사)라는 것을 8년 동안 일하면서 뼈저리게 느꼈어요. 이 방식을 바꾸려면 가족이 좀 더 편해져야 합니다. 가족이 불안해서 퇴원하지 못한다면, 그 불안감을 덜어주면 됩니다. 그것과 본인이 자립하는 것을 혼합하기 위해서는 가족이 모르는 본인의 새로운 모습, 할 수 있는 것을 보여줘야 합니다. 그래서 가족이 '이 정도면 혼자서도 할 수 있겠구나', '가족과 함께 살 수 있겠구나'라고 생각하기 위해서는 병원도 아니고, 가족만도 아니고, 요양시설도 아니고, 완전히 중립적이지만 모든 조직에 간섭할 수 있을 만큼 영향력 있는 조직을 만들지 않으면 결국은 말만 할 수밖에 없다고 생각했습니다. 그런 생각으로 지금의 조직을 만들려고 했던 것이 계기가 되었습니다.

저희도 가족회가 있지만, 대체로 가족회에서 시설을 만들거나, 시설이 있으면 그 시설을 가족회가 후원하는 경우가 많죠. 우리 같은 경우는 완전히 평등하고, 서로가 서로에게 힘이 되어주는 관계입니다. 예를 들어, 저희 비영리법인은 정회원과 이사가 거의 가족이 많아요. 그래서 시설 직원들이 어떤 일을 하고 싶을 때 의결권을 가진 가족회를 통하기 때문에 자기들 마음대로 할 수 없는 경우가 많아요. 그 대신 가족은 단 한 명도 시설 직원으로 고용하지 않아요. 기관이나 현장에 가족이 직원으로 들어가면 어려워지는 조직도 종종 있습니다. 그래서 당사자 지원 사업장은 전문가 집단으로 하고 가족들이 할 수 없는 구조로 되어 있어요.

이것은 제가 생각하는 작업치료의 한 부분입니다. 실행하고자 하는 것과 그것을 구성하는 사람, 장소, 시스템 등을 잘 조화시켜서 가장 이상적인 상황에 가까운 것을 어떻게 만들 것인가 하는 것입니다. 그리고 시작하자마자 역시 지역 자체가 성숙해야 한다는 것을 깨닫고 또 다른 조직을 하나 더 만들게 된 거죠.

제가 두려웠던 것은 지역 사람들이 처음에 가졌던 복지에 대한 관심이었습니다. 그것은 새로운 값싼 노동력 공급원 같은 것이었죠. 값싼 노동자로서 그 사람들(정신장애인들)을 이용당하게 해서는 안 되겠다고 생각했습니다.

그래서 '인에이블'에서는 지역에 대한 간섭을 전혀 하지 않는 대신, T-SIP라는 별도의 조직에서 지역을 최대한 성숙시키려고 합니다. 그렇게 하면서 '인에이블'에서 이용자 개개인이 일하고 싶은 대로, 살고 싶은 대로 살 수 있는 커뮤니티를 만들자, 그런 생각입니다.

미야자키 히로키(宮崎宏興)

NPO 법인 인에이블 이사장. 작업치료사, 1997년 정신병원에 입사. 작업치료과에서 초반 작업치료실 개설 외에 방문간호 스테이션, 개호노인보건시설, 사회적응훈련사업소, 복지홈에서의 지원업무에 8년간 종사. 전문 분야는 고용취업지원과 지역생활지원으로 2004

년부터 현직. 다세대 · 다문화 교류를 통한 마을 만들기 조직 T-SIP(Tatsuno-Social Inclusion Project : 타츠노시가 '모두가 누군가를 포용하는 사회'를 내세우며 만든 프로젝트) 대표로도 활동 중. 저서로는 『생활을 지원하는 정신장애 작업치료 제2판』(공저, 의치약출판사, 2014년) 외 다수의 논문이 있다.

NPO 법인 인에이블 : 장애인종합지원법에 근거한 지역 활동 · 상담지원센터, 상담지원, 취업전환지원, 취업지속지원, 공동생활지원을 지역 내 사업장에서 운영하고 있다. 노동 · 장애 · 복지 관련 사업과 동료 지원가[19] 활동, 당사자와 가족의 자조활동 등도 실시하고 있다. 효고현 타츠노시에 있다. 홈페이지 https://enabletatsuno.com/

많은 요구가 모여서

나카마 : 니시카미 씨는 대학교수를 그만두고 자생적 사업을 시작해서 지금의 NPO 법인 활동에 이르렀다고 들었습니다.

니시카미 : 발달장애 자체가, 특히 성인 발달장애가 아직 그렇게 화제가 되지 않을 때였어요. 청소년 비행과 관련된 의뢰가 많았는데,

---

19 정신장애인, 장애 당사자, 장애 가족 등등의 사람들이 자기와 동등한 입장에 있는 사람들을 상담 · 지원하는 제도. 우리나라에도 많이 생기고 있다._옮긴이

이야기를 들어보니 이 아이는 원래 ADHD였구나, 혹은 다중인격장애가 있구나, 하는 것을 알게 되는 거죠.

흔히 있는 경우는 어릴 때부터 야단맞고 자라면서 칼부림을 하거나 화를 내거나 유리창을 깨면 폭력배들이 '오, 잘했다. 그럼 돈 줄게. 술 한잔하자'… 그런 아이들이 매우 많았는데, 이 아이들이 상담받을 수 있는 자리가 전혀 없었어요.

하지만 그런 아이들의 경우 한 달에 한 번 만나는 정도로는 달라지지 않습니다. 단순히 잔소리로 말하는 사람이라면 더욱요…. 그렇지 않고 지속하는 것이 절대적으로 필요했습니다. 제가 관여한 사람도 몇 명 있었기 때문에 처음에는 어떻게든 지속해야 한다는 생각이 가장 컸어요.

시작하자마자 어머니들의 입소문을 타고 퍼져나갔어요. '우리 아이도', '저쪽은 더 힘들다고 하더라'…. 그래서 처음에는 돈을 받는 것에 대해 어떻게 하나 싶었는데요, 중고등학생 학원비처럼 매월 일정액을 받아 운영했어요.

나카마 : 이용자는 그 돈에 대해 저항은 없었나요?

니시카미 : 아뇨, 있었죠. 왜냐하면 '영화보다 비싼 거 아니야?' 같은 말도 하고요(웃음). 여러 사람이 있었기 때문에, 생활보호 대상인 사람에게 비용을 받는 날은 역시나 힘들다고 생각했습니다. 그래도 '형편이 어려우니까' 오셨어요. 그건 지금도 마찬가지이지만…. 노력해서 뭔가 답이 나오면 '이것도 해보고 싶어요' '저것도 할 수 있지 않나요?' 하는 굉장히 많은 요구가 모여들었어요. 반대로 말

만들었으니 먹기!(찬쿠스 이용자)

하면, 그분들은 그전까지 자기의 요구를 어디에 말해야 할지 몰랐던 것인지도 모릅니다. 그런 와중에 '찬쿠스라는 데를 가서 취업을 목표로 열심히 하고 있구나. 그럼, 나도 저기 있는 사람에게 얘기해 볼까?'라고 상담하러 오는 사람도 많아졌고, 해결 사례도 많아졌습니다.

또 보통 중학교 때쯤 되면 교사도 '이 아이는 좀 어려움이 있다'는 판단을 할 수 있다고 하죠. 하지만 3년밖에 안 남았고, 수험이라는 큰 목표가 있기 때문에 학교에 오지 않으면 내버려두거나, 비행이 많으면 반대로 '오면 다른 애들한테 피해가 갈 테니 오지 말아달라'는 메시지를 보내는 곳도 있어요.

그렇다면 학교 외에 갈 곳을 만들어야 하지 않겠느냐, 그런 식으로 거처를 만들기 시작했어요. 재정적으로도 '갈 곳이 있기만 하다면'

하는 바람으로 엄마들의 협조를 얻을 수 있었습니다. 또 그런 일을 하고 있으니 행정에서도 관심을 가져주고, 시에서 위탁사업까지 연결이 되었습니다.

창업 시 불안감을 어떻게 극복했는가?

나카마 : 창업할 때 저는 겁이 나서 혼자 시작했어요. 월급을 줄 수 있는 회사가 될지 알 수 없었으니까요. 그 부분을 어떻게 극복하셨나요?

니시카미 : 극복했으려나요…. 저희의 경우, 시 위탁사업 등은 일 년 단위로 진행되기 때문에. 다만, 2016년에 취업지원사업소가 생긴 것은 결과적으로 좋았다고 생각합니다.

그중 하나가 스완베이커리 미하라점입니다. 스완베이커리 자체는 야마토복지재단이 진행하는 장애인 고용과 자립지원을 위한 사업으로, 체인점이 미하라시에도 있었어요. '찬쿠스'에 다니는 발달장애인 중 빵과 과자 만들기에 관심이 있는 사람이 열심히 일하고 있었습니다.

그런데 사업주가 쓰러져 베이커리를 폐업한다는 이야기가 나왔어요. 그렇게 되면 일할 수 있는 곳이 줄어들게 되니 우리가 그곳을 인수하게 된 거죠. 현재는 고용유지 B형 사업장으로 운영하고 있습니다. 그리고 마침 하고 싶었던 도시락 사업인 '혼마치 미하라노스케'

도 취업전환 지원사업으로서 거기에 더해 운영하고 있습니다.

이런 식으로 어떻게든 사업이 되어가고 있지만, 만약 경영계획을 먼저 세웠다면 아마 이렇게 되지 못했을 것 같습니다. 그래도 저도 그렇고, OT는 지금 4명이 있는데, 역시 의료에서는 할 수 없는 일이고, 병원에서의 스트레스도 있었기 때문에 그 동기부여는 모두 같다고 생각합니다.

미야자키 : 저 같은 경우는 처음에 지금 상황을 예상하지 못했습니다. 저는 병원에서 관리직으로 OT와 케어워커 등 20여 명의 직원도 관리하고 있었습니다. 그리고 처음에는 가족회 사람들에게 작업장을 만들어달라고 해서 병원에서는 데이케어를 만들지 않고, 그 작업장에서 지역사회에 주간 활동을 하면서 방문간호 스테이션도 만들고, 입원 OT와 외래 OT가 각각 연계하는 구조에서 점점 퇴원을 진행시켜 나간다는 청사진을 세웠습니다.

하지만 가족회 운영의 어려움을 뼈저리게 느꼈어요. 솔직히 말해서, 이로 인해 제가 가족회를 망쳤다고 생각해요. 결국, 가족회가 집안의 고민을 이야기하는 모임이 아니라 작업장 이야기만 하는 자리가 되어버렸어요. 당연히 운영에 참여하지 않는 사람들은 점점 오지 않게 되었고, 가족회는 아주 작은 가족회로 전락해버렸어요.

그리고 회장을 대신할 후임자가 없는 단계에 이르러서, 말하자면 뒷수습을 하는 형식으로 제가 맡게 되었습니다. 저와 회장님 그리고 지역 부녀회 여성분, 이렇게 3명이 다시 시작했어요. 저도 처음에는 병원 일을 병행했지만, 2년 정도 지나고 체계가 잡히자 병원을 그만두고 이곳에 전념하게 되었습니다. 지금은 전체 직원이 20명 정도 인데, 그중 OT가 8명입니다.

작업치료의 강점을 발휘할 수 있는 곳은 정말 많다

나카마 : 앞으로 이렇게 하고 싶다, 이렇게 되고 싶다는 꿈이 있다 면 말씀해주세요.

미야자키 : OT나 PT(물리치료사)에게는 지역으로 나간다고 하면, 즉 창업처럼 생각하는 부분이 있다고 생각하는데, 그러면 너무 어려운 발상이 돼요. 발상을 조금 바꾸면 좋을 것 같습니다. 복지사업소를 비롯한 지역 내 시설이 많은데 거기에 들어가면 되지 않을까 하고 생각하는 거죠, 단순하게. 거기서부터 자기 생각을 정리해나가면 그 렇게 어려운 이야기가 아니지 않나 싶어요.

나카마 : 병원에서 근무하는 것보다 급여 등 조건이 떨어지잖아요. 그래서 병원에서 못 나오면….

니시카미 : 하지만 창업해도 낮아지잖아요(웃음). 그건 똑같아요.

미야자키 : 어느 업태든 마찬가지고, 헤드헌팅이 아닌 이상 이직이 란 그런 거죠. 연봉이 올라서 이직하는 사람은 우수한 사람이에요.

나카마 : 무엇을 위해 일하느냐가 중요하죠. 안정적이고 높은 급여 는 병원에서 충족되겠지만, 작업치료로서 지역에서 보람을 느끼고, 내 인생의 하루하루를 어떻게 활용할 수 있을까를 생각했을 때….

니시카미 : 역시 거기서부터가 아닐까 싶어요. 돈 말고도 많은 것이 있고, 그래도 살아갈 수 있고, 그쪽이 더 즐겁다는 것이 저희의 경우 큰 힘이 된 것 같아요.

미야자키 : 저는 회사원이 되어 작업치료사로 일하고 싶어요. 꼭 작업치료사 자격증이 있거나 작업치료사라는 명칭으로 일해야만 하는 것도 아니고, 찾아보면 일할 수 있는 곳은 많으니까요.

나카마 : 그 생각에 저도 동감합니다.

OT는 활용도가 높은 사람들

미야자키 : 일반 기업의 회사원으로 일하면서 그 안에서 자신이 작업치료사라는 강점을 가지고 있고, 그걸로 회사에 기여하면 되지 않을까 싶어요.

니시카미 : 아마 회사에서는 작업치료사를 많이 찾고 있을 거예요. 만드는 것은 대부분 자동화로 가능하지만, 그래도 어딘가에는 인력이 필요하거든요.

예를 들어, 최근에 취업한 어떤 아이는 '그런 기술을 가지고 있었나' 싶을 정도로 깔끔하게 일을 하더라고요. 하지만 쉬는 시간은 말을 걸어주지 않으면 휴식을 잘 못해요. 그런 내용을 알려주면 되니까, 그런 어려움이 있는 사람이 있는 회사일수록 작업치료사 같은 사람의 고용이 필요하고, 그러면 장애인 고용도 쉬울 것 같아요.

'저 사람을 어떻게 해야 할지 모르겠어요. 그렇지만 어떻게든 고용하고 싶어요'라고 말하는 곳이 꽤 많아요. 제도가 바뀌어서 2018년 4월부터 민간기업의 장애인 고용률이 2.2%, 3년 안에 2.3%가 되었죠. 꼭 그렇다고는 할 수 없지만, 확실히 많은 것은 사실입니다. 그래서 다양한 사람을 소개하고 있고요. 전혀 경험이 없는 분들도 소개해주고 있는데, 가능하면 OT 같은 사람이 들어가면 좋겠어요.

나카마 : 회사에 컨설팅을 해주는 형태군요.

니시카미 : 현장을 바꾸는 것만으로는 잘 안 돼요. 장애가 있는 사람이 있다는 것만으로도 회사 자체의 생각이 바뀌는 경우가 많기 때문에 그것을 공유할 수 있는 인재를 육성하고 싶어요.

미야자키 : 다양한 곳에서 OT가 일하는 세상이 되면 좋겠어요. 역시 다양화되는 세상인 만큼, 다양성이 있는 사회에 대응하기 위해

RAN반(란친구). 치매 인식 개선의 과제를 연결하는 전국 캠페인(인에이블의 '식당' 앞)

서는 기업도 사회도 다양한 사람을 대응할 수 있는 인재가 있어야 한단 말이죠. 예를 들어, 슈퍼라면 쇼핑이 어려운 사람들을 잘 응대할 수 있는 직원을 배치하면 질적으로도 더 좋아질 것이고요. 판매도 더 잘할 수 있을 것 같고, JR에도 그런 직원이 있으면 좋겠고, 물론 학교에도 말이죠….

가능성에 대해 말하자면, 시야를 좀 더 넓히면 자신을 필요로 하는 것이 많이 보이게 될 것 같아요. 그러면 OT는 필요한 인재이고, 쓸모가 있을 거라고 생각해요.

나카마 : 저도 OT는 활용도가 높아야 한다고 생각해요.

미야자키 : 저희 회사에 OT가 8명이나 있는 것도 역시 활용도가 높기 때문이에요. OT는 정착시키는(적응하게 하는) 데 능숙해요. 어쨌든 그 자리에 머물게 하는 것은 학생도 할 수 있는 일이거든요. 다음을 전개하기 위해서는 앞을 예측할 수 있는 능력이나 상상할 수 있는 지식이 필요하기 때문에 커리어가 필요하지만, 바로 지금 이 자리에 있는 사람이 기분 좋게 그 자리에 있을 수 있게 돕고, 어떻게 작업을 할 것인지, 돌아가서는 내일도 기꺼이 출근할 수 있도록 상황을 어떻게 구성할 것인지는 OT가 양성학교에서 배우게 되죠. 기초적인 능력만으로도 충분히 할 수 있으니까요. 그래서 기업 등 여러 곳에 OT가 있으면 그것을 끌어들여 정착시킬 수 있는 힘이 발휘된다는 뜻입니다.

나카마 : 내일도 출근하기 편한….

미야자키 : 네…. 역시 OT는 자신들의 힘의 근원을 잘 이해하고, 전

문가만이 할 수 있는 OT가 아니라 누구나 할 수 있는 OT가 되도록 전문성을 찾는 것이 미래가 더 밝을 것 같습니다.

나카마 : 그렇네요. 네, 밝은 이야기였습니다(웃음). 감사합니다.

칼럼

작업치료사가 병원에만 있는 것은 아깝다.
지역과 학교로 확장하길

이토야마 토모에리(오카야마현 학교돌봄연계협의회 회장)

오카야마현 학교돌봄연계협의회는 2016년 작업치료사와 협력하여 학교 돌봄 현장에서 '발달장애'가 있는 아동을 지원하거나 관련 보육에 종사하는 지도원[20]을 지원하는 활동을 시작했다.

같은 해 11월, 오키나와현 하에바루의 강좌에서 '아동 학교 보육과 작업치료사'에 대해 소개할 기회를 얻었다. 오카야마에서의 연계에 큰 호응을 느꼈지만, '작업치료사'라는 직업은 설명하기 어려웠다. 그때 참가했던 나카마 치호 선생에게 무모하게도 '작업치료사의 일'에 대한 소개를 부탁했다. 그것이 나카마 선생과의 첫 만남이었다.

지원한 아이들의 사진을 곁들인 나카마 선생의 단 10분간의 이야기

---

20   다양한 돌봄 현장의 돌봄교사, 실무사 등 돌봄(케어워크)을 담당하는 실무자_옮긴이

에 참가자는 모두 눈물을 흘렸다. 이 얼마나 애틋한 눈빛인가. 모두들 작업치료사와 함께 팀을 이루어 아이들과 함께하고 싶다는 생각이 들었을 것이다.

나는 오랫동안 학령기 아동 보육에 학부모로 참여하면서 지도원들의 고민을 많이 들어왔다. 발달장애나 배려가 필요한 아이들이 늘어나는 가운데, 교육을 받아도 실제 현장에서 잘 대응하지 못한다고 호소했다.

당시 도쿄도립대학의 고바야시 다카시, 가와사키 재활학원의 모리카와 요시히코라는 두 명의 작업치료사를 만났다.

"미국 학교에는 작업치료사가 있습니다."

"어린이집을 순회하면서 효과를 거두고 있으니 학교 돌봄에도 작업치료사의 순회를 도입하면 어떨까요?"

이 두 작업치료사로부터 '아동의 발달장애 전문 작업치료사'라는 역할을 알게 되었다. 그렇다면 학교나 어린이집에도 이 사람들이 오면 좋지 않을까 생각했다. 나는 시민 활동을 많이 하고 있기 때문에 보조금이나 지원금 신청에는 비교적 익숙하다. 오카야마현 비중현민국에서의 협업사업이 채택되어, 컨설팅과 연수를 진행한 것이 연계사업의 시작이었다.

이 사업을 시작하자마자 도쿄의 학교돌봄 관련 회의에서 소개했고, 관심을 가진 오키나와의 학교돌봄(보육)지도자가 본인의 지역인 하에바루 지역에 전달하여 오키나와에서 강좌가 실현되었다. 그러자 고바야시 선생이 '오키나와에 가면 지역과 학교에서 활동하는 나카마 치호라는 작업치료사가 있다'고 알려주었다. 이렇게 해서 나카마 선생과 인연을 맺게 된 것이다.

작업치료사와의 연계로 지도원들은 동기부여가 되었고, 팀워크도 높아졌다. 그 분위기를 보면서 어떻게든 연계를 지속하고 싶다는 생각이 들었다. 그러기 위해서는 '제도화'가 우선이라고 생각했다. 이를 위해 지금 전국 각지에서 모델 사업을 실시하기 위해 다양한 노력을 전개하고 있다.

나카마 선생도 여기저기 강사로 달려가 협력했다. 2018년 1월 현재, 예정된 것을 포함해 학교돌봄과 작업치료사가 연계된 곳은 37개 도도부현에 이르며, 일부 시에서는 순회방문이나 위탁사업으로 시책화도 실현했다.

이렇게 되면 학부모들도 '우리 학교에서도 실현해달라'는 바람이 생긴다. 그 학교에서 나카마 선생은 이미 큰 성과를 내고 있다. 그 외에도 육아단체, 자립지원 홈, 어린이 등 작업치료사가 활약하는 장면은 얼마든지 상상할 수 있다. 그러다 보니 작업치료사가 부족하다. 많은 작업치료사가 아동 분야를 들여다보면 좋겠다.

그리고 지역사회의 더 다양한 곳에서 작업치료의 관점을 담으면 좋겠다. 훨씬 좋아질 것이다. 틀림없다. 지역이 바뀌고 사회가 바뀔 수 있다. 병원만으로는 부족하다. 아이도 어른도 지역에서 생활하고 있기 때문이다.

칼럼

아이들의 작업을 만나러 가자

야마구치 사야카(NPO 법인 해빌리스 대표 이사, 작업치료사)

"왜 병원 선생님이 여기 계세요?"

순회 중에 누군가 말을 걸어와서 돌아보니 외래 재활치료에 참여하고 있는 아이였다.

"학교에서는 어떨까 싶어서."

마음속으로는 항상 이렇게 외치고 있다.

'왜냐하면, 네 인생은 여기에 있잖아. 재활치료실에서 만으로는 너의 진짜 모습을 볼 수 없잖아! 너의 책상, 친구들의 시선, 담임선생님의 숨결에 둘러싸여 너와 함께 호흡하고 싶어!'

당신이 지금 이 책을 손에 든 이유는 무엇인가? 혹시 당신의 작업치료에 막막함을 느끼고 더 많은 것을 할 수 있지 않을까 생각한 것은 아닌가?

나는 지방 공립병원에 작업치료실을 개설하고 수많은 연수를 찾아다니며 일념으로 기술을 연마했다. 어머니들은 "자세가 좋아졌으니 손을 좀 더 잘 쓰게 달라"고 했고, 해결이 되자 이번에는 "충동성을 좀 고쳐 달라"고 호소했다. 이윽고 "선생님은 누구보다 치료를 잘한다"라는 말을 듣게 되었고, 작업치료를 종결하고 나면 그 사람에게 '야마구치 선생님에게 잘렸다'는 말을 듣게 되면서 왠지 모르게 일에 허무함을 느끼기 시작했다.

그 무렵, 내 인생을 크게 전환시키는 사건이 있었다. 당시 가나가와현립 보건복지대학의 나가타니 류타로 교수와의 만남이었다.

"야마구치 선생님, 작업치료의 성과란 무엇인가요?"

나는 대답할 수 없었다.

"당신의 실천은 무엇으로 좋았다고, 나쁘다고 판단할 수 있을까요?"

"작업치료의 성과는 '참여'예요. 예를 들어, 중증의 뇌성마비가 있어도 이 사회를 활기차게 살아가는 것, 바로 그런 것이 작업치료의 성과죠."

나는 재활실에서 밖으로 나가기로 했다. 시간이 허락하는 한, 외래에 다니는 아이들의 작업 수행을 직접 만나러 갔다.

"가라데 교실에서 친구들과 싸운다"는 아이에게는 가라데 교실 체육관으로.

'어린이집에서 전환[21]이 힘들다'는 아이의 보육 활동 장소로.

아이들은 사회 속에서 자신이 가진 힘을 최대한 발휘하고, 자기 나름대로 그 환경에 적응하려고 애쓰고 있었다.

아이들의 삶의 모습에 마음이 흔들리고, 현장에서 일하는 사람들과 그 감동을 공유하게 되면서 그 이야기를 더 나누고 싶다는 강연과 순회 강연을 요청받게 되었다. 많은 사람과 인연을 맺으며 외래뿐만 아니라 방문 진료, 육아 상담, 예방 사업 등 지역과의 협력이 확대되었다. 그리고 2년 전 그 힘에 이끌려 병원을 떠나 NPO 법인 해빌리스를 설립, 밝고 환한 기관을 개소했다. 지역을 기반으로 한 작업치료의 전개는 더욱 탄력을 받고 있다.

나는 지금, 작업치료의 성과가 무엇인가에 대해 분명히 답할 수 있다. 만약 당신이 더 많은 것을 할 수 있지 않을까 생각한다면, 나나 나카마 선생이 그랬던 것처럼 병원이나 시설에서 한 발짝 떨어져서 아이들의 작업을 만나러 가보면 어떨까? 공원도, 교실도, 재활실도 모두 아이들의 삶터인 것처럼, 외래 작업치료도 작업치료 상담도 다르지 않다는 것을 알게 될 것이다. 아이들의 반짝임에 휘말려 당신도 점점 더 지역에 휘말리게 될 것이다. 세상이 당신의 작업치료를 기다리고 있다.

---

21 한 활동에서 다른 활동으로, 한 장소에서 다른 장소로, 한 활동을 평소와 다른 시간에 하는 등 변화하는 것을 의미함._옮긴이

가시화되는 시행착오 과정

다카하시 오다히라(아이노대학 의료보건학부 작업치료학과 · 작업치료사)

'지역에서 작업치료를 전개하고 싶다'는 생각은 활동 · 참여에 초점을 맞추는 작업치료사(OT)에게는 필연적일 것이다. 나도 OT가 된 지 얼마 되지 않았을 때는 병원에서 개별 작업치료를 진행했지만, 담당 아동의 '부등교'나 '자살 시도' 등 슬픈 현실에 직면할 때마다 '이 아이의 초등학교(유치원–어린이집)에 가고 싶다'는 생각이 들 때가 많았다. 그러나 마음과는 달리 지역으로 나가는 데는 몇 가지 벽이 존재한다. 그것은 '수익의 벽'과 '지식 · 기술의 벽'이다.

수익의 벽

의료기관에 소속되어 '지역으로 나가고 싶다'고 열망하는 OT에게 가장 큰 벽은 수익의 벽이다. 의료기관에 소속되어 작업치료를 하면 보험 수가에 따라 병원에 수익이 들어온다. 하지만 시설 방문을 할 경우 그에 상응하는 수익을 얻기가 매우 어렵다. 그래서 현장의 OT가 원해도 경영자의 이해를 얻지 못하고 병원 내 작업치료에 머물러 있는 경우가 많다고 볼 수 있다.

지식 · 기술의 벽

지역 작업치료는 개별적인 작업치료의 지식과 기술이 필요할 뿐 아니라, 방문하는 곳의 환경(물리적 환경이나 인적 환경)이 다양하고 그곳에서 중요하게 여기는 작업도 복잡해지기 때문에 이를 종합적으로 파악할 수 있는 넓은 시야가 요구된다. 또한, 시설을 방문하는 것은 일종의 영업이어서, 좋은 관계를 구축하기 위한 커뮤니케이션 스킬이 요구된다.

현재 나는 나라현에서 지역작업치료를 즐겁게 하고 있다. 지역으로 나가기 위한 수익의 벽은 현의 위탁사업 공모에 채택되어 해결할 수 있었다.

행정 위탁을 받기 위해서는 OT가 지역을 지원하는 장점을 데이터로 보여주는 것이 중요하다. 실제로 나라현에서도 다른 현의 모델을 인용하면서 '나라현판 3계층 모델'을 제안하여 채택되었다(「임상작업요법」 청해사(靑海社), 2016년 11 · 12월호 참조).

일단 지역으로 나가면 방문 기관에서 시행착오를 겪는 과정에서 지식과 기술이 높아진다고 생각한다.

유이마와루의 경우, 수익의 벽은 어린이집 등 지역방문사업의 틀을 이용함으로써 극복하고 있다. 이 사업을 이용하면 OT가 지역 현장에 나가는 것이 현실적으로 가능해진다.

이 사업모델은 수입의 벽을 넘기기는 좋지만, 다른 한편으로는 치료사의 지식과 기술의 벽이 더욱 높아진다. 이 경우 보호자의 의뢰로 기관에 방문하기 때문에, 기관 입장에서는 원하지 않는 방문이 될 경우도 많다. 따라서 기관과 행정과의 신뢰 관계 구축은 더욱 중요해진다.

나는 나카마 작업치료사의 초등학교 방문과 산학관 연계 회의에 참석하게 되었다. 그때 작업치료사의 강점을 이해하고 활용하려는 타 직종 동료가 많다는 사실에 놀랐다. 이러한 신뢰를 얻기까지 수많은 벽을 넘는 과정이 있었을 것이다.

이 시행착오의 과정을 가시화하여 '지역으로 진출하고 싶다'는 바람을 가진 전국의 작업치료사들이 활용할 수 있는 선구적인 모델을 구축해줄 것을 기대한다.

Theme 2

작업치료를 지역에 전하는 데 도움이 되는 것

작업치료 알기

우선, 작업치료 이해를 위해 사람의 건강에 대해 설명하는 ICF[22]를 소개한다.

예를 들어, 오른쪽 다리가 골절되어 자동차를 운전할 수 없게 되었다고 가정해보자. 그 사람이 택시 운전사라면 하는 일에 제한이 생길 수 있다. 그 상태를 이유로 해고당할 수도 있다. 이렇듯 사람은 신체

---

22 WHO의 건강분류 중 하나. 국제기능수행장애분류: International Classification of Functioning, Disability and Health. 1980년대 유엔에서는 평균수명이 길어지고 노인, 장애 인구가 늘어나면서 세계은행과 함께 장애 개념을 정의하고자 했다. 당시 도입한 국제분류모델은 '손상-장애-불리(impairment-diability-handicap)' 개념으로, 심신의 손상이 곧 불능과 불리함으로 이어지는 것으로 보았다. 그러나 신체 손상이 없어도 사회적으로 불리한 경우도 발생하는 등 장애를 더욱 역동적으로 정의하게 되었다. 이에 따라 2001년부터는 장애를 포함한 건강분류를 위해 ICF를 채택하게 되었다._옮긴이

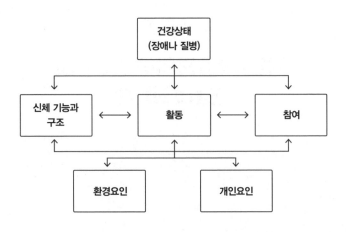

국제건강, 기능수행, 장애 분류: ICF(2001)

기능에 장애가 있으면, 할 수 없는 일〔활동 제한〕이 생긴다. 그리고 그로 인해 그 환경에는 어울리지 않는다거나, 충분히 역할을 할 수 없다거나, 보람을 느끼지 못한다거나, 그 자리에 있기에는 지쳐버리는 등 참여 자체를 못 하게 되는 일〔참여 제약〕이 발생한다.

이렇게 보면 한 사람의 기능이 그 사람의 활동에도, 어떤 생활에 참여하는 데도 영향을 미치는 것처럼 보인다. 그러나 인간의 〔활동〕에서 일방향으로 〔참여〕로 연결되어 삶을 만들어가는 것이 아니다. 반대로 어떤 커뮤니티에 속해서 참여하는지에 따라 그 사람의 기능에 영향을 미치기도 한다.

참여로 인해 영향을 받는 기능

예를 들어, 한 학생이 반장에 당선되었다고 하자〔참여〕. 친구들을 모으거나 사전 준비를 하는 등 평소에는 하지 않았던 일을 하는 기회가 있을 것이다[활동 확장]. 그러면서 사람들과 관계를 맺는 대인관계의 힘이 생기거나 계획을 세우는 힘이 생기기도 한다[기능 향상].

이처럼 무엇에 참여하는지에 따라 활동에 변화를 가져오고, 기능이나 능력에도 영향을 받는다.

활동에 영향을 받는 참여와 기능

물론, 활동 변화가 참여나 기능에 영향을 미치는 경우도 있다. 학교에 가기 어려웠던 남자아이가[참여 제약], 엄마와 함께 잘 못하던 리코더를 연습하여 과제곡을 불 수 있게 되면[활동을 할 수 있게 됨], 안심하고 학교에 갈 수 있게 되기도 한다[참여가 가능해짐].

환경 조정을 통해 할 수 있는 활동

[활동]은 [기능]의 영향을 받지만, 할 수 있는 활동은 [기능]만으로 결정되지 않는다. 앞의 그림에서 보는 바와 같이 [환경]의 영향도 받는다.

예를 들어, 음식점에서 일하는 경우[참여] 손님에게 주문받는 활동이 필요하다. 그런데 들으면서 글씨를 쓰는 것을 어려워하는[기능] 사람이 있다고 가정해보자. 이대로는 주문을 받을 수 없고[활동 제한], 음식점에서 일할 수 없다[참여 제약].

하지만 이 음식점이 손 글씨 메모가 아닌 태블릿 단말기를 도입하여 터치패널을 누르면서 주문을 받으면, 듣고 쓰기가 서툰 사람도 주문

받을 수 있게 되어 이 음식점에서 일할 수 있게 된다.

이처럼 그 활동을 수행하기 위해 그 사람의 기능이나 능력이 부족하더라도 환경 조정을 통해 기대되는 활동을 수행할 수 있고, 원하는 생활에 참여할 수 있다.

건강한 삶을 지원하는 작업

작업치료의 목적은 의미 있는 활동(작업)을 할 수 있도록 함으로써 사람들이 건강을 획득하는 것이다. 그 사람이 원하는 삶을 만들기 위해서는 매일의 건강한 생활이 중요하고, 건강한 생활은 그 사람이 그 삶을 위해 하고 싶은 일, 해야 할 일(작업)을 할 수 있는 것으로 뒷받침된다.

병원에 근무한 지 3년째에 만난 한 여성의 기능 회복에만 집중할 수밖에 없었던 나는 그 여성이 어머니로서 가정에 참여하기 위해 중요한, 아이들에게 밥을 지어주는 일에 주목했어야 했다(123쪽 참조).

그 사실을 깨닫고 나서부터 나는 사람의 건강한 삶을 지원하는 일에 주목하게 되었다.

작업치료와 학교

학교에서의 아동 지원을 생각하면 아동에 초점을 맞추게 되지만, 학교에는 아동의 작업과 교사의 작업이 존재한다. 특히 타이라 교장 선생님에게 가르침을 받은 후(95쪽 참조), 나는 교사의 건강에도 초점을 맞추게 되었다.

아이들의 성장을 돕고자 하는 교사들은 '교육을 제공한다'는 작업을 통해 아이들과 마주한다. 그리고 아이들은 교사에게 칭찬받고 싶다, 친구들과 즐겁게 놀고 싶다 등 각자의 소망을 '학교에서 교육받기'라는 작업을 통해 실현하고 있다.

'도달하고 싶은 교육'을 실현하는 것은 교사의 건강과 아이들의 건강에도 좋은 영향을 미친다. 학교는 학급 내 누군가의 건강만을 생각한다면 아무것도 진행되지 않는다. 교사, 아이 그리고 그 아이와 관련된 모든 사람이 건강하게 활동하는 것이 중요하다.

'도달하고 싶은 교육'이라는 각각의 작업을 이루는 팀 접근을 통해 교사, 아이 그리고 그 아이와 관련된 모든 사람이 건강해지는 것을 학교 현장의 실천을 통해 실감하고 있다. 작업치료사 자신이 그 매력을 느끼는 것도 중요하다고 생각한다.

전달되는 언어 배우기

순회 근무를 시작했을 때만 해도 학교 현장에 작업치료사가 들어가는 문화가 없었다. "왜 심리상담사가 아니죠?" "작업치료가 뭐예요?"라는 질문을 학교나 행정기관 관계자들에게서 자주 들었다. 병원 경험밖에 없던 나는 새삼 '작업치료가 무엇인가?'라는 질문을 받는 것이 당황스러웠다. 스스로도 설명할 수 없었기 때문이다.

"작업치료사가 다루는 작업이란……."

"작업을 함으로써 사람은 건강해져요."

"작업치료사는 신체, 정신, 인지기능을 평가할 수 있고, 환경도 평가할 수 있어요……."

당시 여러 가지 방법으로 작업치료를 설명했지만, 이해받지 못했던 힘든 경험이 있다. 지금 생각해보면 왜 이해하지 못했는지 잘 안다. 하지만 당시에는 내 나름 절박했고, 심지어는 싸우기까지 하면서 '왜 이해하지 못할까?'라는 생각에 집에서 고민만 했다.

교내 연수나 행정에 대한 설명회에서도 처음에는 정말 행사장 전체를 멍하니 바라보기만 했다. 하지만 사실 각종 강습회에서 전하는 기본적인 내용은 10년 전이나 지금이나 달라진 것이 없다. 그렇다면 무엇이 달라졌을까?

지금과 그때의 큰 차이점은 다음 4가지다.

- 상대방 문화의 언어를 사용한다.
- 상대방에게 진심으로 관심을 갖는다.
- 상대방 입장에서 생각한다.
- 상대방의 이야기를 소중히 여긴다.

상대방 문화의 언어를 사용한다

학교에는 의료와는 다른 언어가 존재한다. 큰 차이는 없지만, 단어 하나라도 교사들이 이미지화하기 쉬운지 아닌지에 따라 영향을 미친다.

예를 들어, 작업치료사들이 일상적으로 사용하는 '관찰평가'는 '수업 참관'이라고 표현하면 이미지가 전달된다. '실태를 파악한다'는 교사들이 사용하는 말로 전달할 수도 있다.

자원봉사로 순회할 때, 한 아이의 상황을 전달하자 담임선생님이 이렇게 말했다.

"나카마 선생님이 아이를 만날 때는 정말 순수하게 근본부터 이해해가는 것 같아요."

이처럼 학교에 방문지원을 하고 나면 교사들이 자기의 시각과 말로 '작업치료'를 이해하고 다음과 같이 말해준다.

"작업치료는 부모와 학교를 연결해주는 것이다."

"작업치료는 수업이나 학급운영을 위한 자료를 준다."

"작업치료는 교육적 관점과는 또 다른 관점으로 정보를 제공해준다."

"작업치료는 아이들이 나름대로 여러 가지로 열심히 하고 있다는 것을 알게 해준다."

"작업치료는 '그렇구나! 이렇게 하면 되는구나!' 뭔가 해보고 싶어지게 한다."

한 학교의 교장 선생님은 다음과 같이 말해주었다.

"나카마 선생님과 작업치료사들의 노력은 획기적이라든가 새로운 방식이라든가 그런 느낌이 아니라, 왠지 모르게 우리도 예전부터 알고 있던 것 같은 느낌마저 들어요. 사실은 그것을 그냥 전달하고 싶었던 거구나, 교사들이 자신들이 '도달하고 싶은 교육'을 할 수 있다는 것, 그것이 모두를 활기차게 만들어 주는구나, 싶어요. 새로운 것 같고, 원

점부터 다시 시작하는 것 같네요."

이 선생님들에게 배운 '작업치료란 무엇인가'를 표현하는 단어들은 작업치료사가 아닌 사람들에게 작업치료를 설명할 때 큰 도움이 되었다. 작업치료라는 것을 교사들이 이해하게 되어서 교사들의 언어로 표현해줄 때의 감동은 지금도 잘 기억하고 있다.

상대방에게 진심으로 관심을 갖는다

상대방의 언어를 사용하는 것은 그 문화를 존중하는 것이다.

교사들이 바쁘고 시간이 없다는 것은 잘 알려져 있다. 학교에는 교육과정이 존재하고, 그 학년에 어떤 교육내용을 어느 정도 배울 것인지 등이 잘 정해져 있다. 내용은 세분되어 있고, 학급에 있는 다양한 아이들 개개인의 교육적 욕구를 충족시키면서 가르치려면 엄청난 노력이 필요하다. 교사들의 바쁜 업무는 그런 환경 속에서 생겨난다.

'교육과정', '교육적 요구'와 같은 단어는 그렇게 바쁜 와중에도 어떻게든 해내고자 노력하는 교사들에게 중요한 단어이기도 하다. 학교 문화의 언어를 사용하는 것은 이미지화하는 데 도움이 될 뿐 아니라 학교 문화에 대해 성실한 관심을 가진다는 의미이기도 하다.

작업치료는 작업을 할 수 있게 됨으로써 클라이언트가 건강해지도록 돕는다. 작업은 그 사람에게 의미 있는 활동이기 때문에 그 자신만이 진정한 작업을 이해할 수 있다.

그런 의미에서 학교나 교사의 문화에 대한 태도는 본래 장착해야 할 작업치료사의 자세라고 생각한다.

상대방 입장에서 생각한다

교사들은 매우 성실하고 노력하는 분이 많고, 전문가가 제공하는 정보도 소중하게 받아들여 준다. 하지만 전문적 관점에서의 관여 방법이나 아이의 특성 등의 정보는 제공받은 이상 활용해야 해서 교사에게 새로운 책임을 지울 위험도 있다.

일반적으로 의학적으로 옳은지 아닌지보다 교사에게는 그 정보가 교사의 학급운영에 도움이 되는지 아닌지가 중요하다. 물론, 학교에 들어오는 전문가들은 그 점을 충분히 고려한다. 그러나 그럼에도 상대방 입장에서는 그 정보가 유용하다고 100% 보장할 수 없다.

100% 유용하다고 장담할 수 없는 정보 제공을 최대한 유용하게 하기 위해 노력하는 방법이 있다. 그것은 반드시 교사 방식의 '도달하고 싶은 교육'의 실현을 목적으로 정보를 제공하는 것이다. 그리고 그 목적을 교사에게 확실히 알려드리는 것이다.

전문가가 정보를 제공할 때, 교사가 목표로 삼는 것에 대해 어떤 목적을 가지고 정보를 제공하는지 반드시 전달하고 있다. 상대방의 입장에서 생각하고, 안심하고 다룰 수 있는 정보의 타이밍과 질과 양이 중요하다(177쪽 참조).

전문가들은 아무리 노력해도 교사의 입장을 100% 이해할 수 없다. 그렇기 때문에 제공하는 정보도, 노력도 모두 교사의 '도달하고 싶은 교육'의 실현을 목표로 최대한의 노력을 계속 해야 한다고 생각한다.

상대방의 이야기를 소중히 여긴다

교사가 아이들과 마주하는 일이 어떤 가치와 의미가 있는지, 학급운영이 실제로 얼마나 힘든지, 교사가 진정으로 하고 싶은 일이 무엇인지, 우리는 그것을 면담에서 정중하게 물어보면서 관계를 형성해나가고, 노력을 기울여나간다.

그 과정에서 교사가 이야기하고 싶은 환경을 우리가 충분히 준비하지 못할 때도 있다. 말로 표현할 수 없는 교사의 마음을 교사 자신도 깨닫지 못하는 경우도 있다. 아무리 노력해도 상대방을 다 알 수 없다는 것을 잊지 않는 것도 중요하다.

그럼에도 교사들이 자신감 있게 교육을 전달할 수 있도록 팀으로 노력하기 위해서는 최대한 교사의 발신으로 정보가 형성되고, 그 정보를 활용하고, 노력이 진행되어야 한다고 생각한다.

한 학교에서는 30명이 있는 반에서 10명에 가까운 아이가 수업 시간에 교사의 설명 중 묻거나 떠드는 등 수업 진행을 방해하는 행위를 계속하고 있었다. 그 반의 선생님과 면담했을 때의 일이다.

나는 이때 선생님이 이 상황을 '힘들다'고 느끼고 있을 거로 생각하며 이야기를 나누었다. 하지만 선생님은 다음과 같이 말씀하셨다.

"이 아이들은 에너지가 넘쳐난답니다. 아이들에게 정말 미안해요. 하기로 했던 활동에 에너지를 쏟을 수 있도록 환경을 조성해주지 못해서요. 인정받고 싶어 하는 아이들이 노력하기 쉽도록 반을 다시 세우고 싶어요."

선생님이 힘들어할 거라고 예단한 내 좁은 시야가 부끄러워졌다.

선생님은 이후 아이들을 억압하는 방식을 선택하지 않고, 인정받을 수 있는 활동에 조금이라도 더 많은 에너지를 쏟을 수 있는 환경을 조성해 학급을 다시 일으켜 세웠다. 만약, 내가 '힘드시죠'라고 하면서 학급 만들기를 주도적으로 진행했더라면 선생님의 자유로운 발상과 훌륭한 학급운영의 관점에 접근하는 방식은 영영 알지 못했을지도 모른다.

교사가 진정으로 하고 싶은 것을 인터뷰만으로는 파악할 수 없는 경우가 많다. 작업치료사의 독단적인 판단으로 일을 진행하지 않고, 교사의 이야기와 표현에 항상 관심을 가지고 함께 고민하는 것이 중요하다고 생각한다.

교육 현장의 문화를 배우다

나는 성격상 듣기만 해서는 이해하지 못하고, 실제로 보고 들은 경험과 지식이 합쳐져야만 이해할 수 있는 경우가 많다. 처음 학교 방문을 시작할 때 나는 이 시간의 90% 이상을 내 관심사와 배움의 장으로 여겼다. 자원봉사자라고 해도 전혀 신경을 쓰지 않았던 것은 그 때문인 것 같다.

작업치료사들은 많은 돈을 들여서 강습회나 워크숍에 참여한다. 내게는 학교의 자원봉사 방문은 그런 가치도 있었기 때문에 불러주는 것만으로도 정말 감사하게 생각하고 활동했다. 그곳에서의 배움은 '찾아가는 배움'의 개념이 되었다(105쪽 참조).

본격적으로 방문을 시작한 2016년에는 유이마와루의 일뿐만 아니라 주 1회 학교사회복지사(SSW, School Social Worker)로서 학교에 소속되어 활동하기도 했다. 현의 사업 모집에 손을 내밀어 나카가미 지역 교육청 소속 학교사회복지가가 되었다. 학교 직원으로서 학교 순회, 교사와의 면담, 학교 행사 참여, 학부모와의 면담 등을 한 것은 매우 소중하고 가치 있는 경험이었다.

SSW는 한 달에 한 번씩 모여서 의견 교환과 워크숍을 할 기회가 있다. 그곳에서 오키나와의 교육 현장이 직면하고 있는 과제, 그 과제를 해결하기 위한 제도와 그 효과에 대해 자세히 배울 수 있었다. 왕따나 무단결석, 가정환경 등에도 세심하게 관여할 필요가 있다는 것을 배운 것도 그곳에서의 경험이 있었기 때문이다.

문화를 알기 위해 그 사회에 소속되어 배우는 것은 그곳 사람들과의 관계도 만들어낸다. 유이마와루는 기본적으로 보호자의 요청으로 시작하지만, 현재와 같이 다양한 학교에 소개되어 쉽게 문을 열 수 있게 된 것은 그 인연으로 동료가 된 SSW와 초중고 보조교사 여러분의 힘이기도 하다.

교육 자체의 문화를 배웠더라도 학교 현장에 들어가면, 그 학교의 문화도 배워야 한다. 그 문화는 학교와 지속적으로 교류하면서 정말 깊게 알 수 있다.

하지만 작업치료 전문가가 처음 학교에 갈 때는 이러한 학교 문화를 거의 모르는 상황이다. 그렇기 때문에 학교의 문화를 잘 이해하는 사

람이 있다면, 그 사람은 학교 문화를 연결해주는 주요 인물(key person)
이라고 할 수 있다. 해당 학교의 문화를 배우지 못하는 기간에는 그
학교의 주요 인물에게 문화와 언어를 통역해주십사 부탁하고 있다.

실천은 공통의 언어

처음 가는 지자체나 학교에서는 문화도 모르고, 그곳의 익숙한 언어
도 알지 못한다. 그런 상황에서 의지할 수 있는 것은 실천이다. 다른
학교에서의 실천은 새로운 곳에서 이미지를 심어주고, 안심할 수 있도
록 도와준다. 실천은 어느 문화권에서나 공통의 언어라고 할 수 있다.

유이마와루를 시작한 초기부터 교사들의 노력 덕분에 교내 연수,
학부모회, 행정기관 설명회 등 다양한 곳에서 이 활동을 설명할 기회
가 있었다. 하지만 초창기에는 잘 전달되지 않아 고군분투하는 나날
을 보냈다.

어느 연수에서 나의 부족한 설명이 끝난 후, 당시 함께 활동을 진행
하던 학교 선생님이 이렇게 말했다.

"저도 반신반의하며 시작했어요. 작업치료사라는 직업이 무엇인지
도 몰랐고요. 하지만 아이들이 손에 잡힐 듯이 변해가는 것도, 저 자
신이 이렇게 하면 좋겠다는 것을 알면서 할 수 있었던 것도 정말 잘한
일이라고 생각했어요."

이 말이 나오는 순간, 긴장감이 감돌던 장내 분위기는 순식간에 녹

아내렸다.

"실제로 무슨 일을 한 거예요?"

"어떻게 된 거죠?"

질문이 이어졌고, 이어진 대화의 결과로 현장 교사들에게 '잘 알겠다. 재미있을 것 같은 시도다'라는 반응을 얻은 적이 있다.

그때 깨달았다. 교사들은 이론이나 설명보다 자신이 마주하는 아이들에게 어떤 도움이 되는지, 지금 수업 운영에 어떻게 반영할 수 있는지 알고 싶어 한다는 것을.

실천을 통해 전달하는 것이 교사들이 구체적인 이미지를 갖도록 도와준다는 것을 배웠다. 지금도 하고 싶은 말 뒤에는 반드시 사례를 소개한다. 실천으로 성과를 내고 있다는 사실에 신뢰가 생길 뿐만 아니라, 교사들이 구체적인 이미지로 이해할 수 있도록 구체적인 실천 방법과 실제적인 사례를 제시하는 것이 중요하다.

2014년 요코하마에서 제16회 세계작업치료사연맹의 국제대회가 열렸고, 나는 그곳에서 다른 나라의 작업치료사들에게 학교의 작업치료를 발표했다. 행사장에서 오가는 언어는 영어였지만, 영어를 모국어로 사용하는 사람만 있는 것도 아니고, 나 자신도 영어를 충분히 구사할 수 없었기 때문에 표현할 수 없는 상황에서 실천 사례를 포스터로 발표했다.

말로 충분히 설명하지 못해도 실천한 사례를 통해 교사와 아이들이 변화한 것을 문화도 언어도 다른 작업치료사들에게 잘 전달되었다. 문화뿐만 아니라 언어가 다른 세상에서도 실천은 공통의 언어인 것 같다.

'작업치료사가 어떤 일을 하는 사람인가'를 전달하기는 어렵다. 그러므로 상대방의 문화와 언어를 배우고 전달하는 노력을 계속 해야 한다고 생각한다. 당장 상대방의 언어를 배울 수 있는 것은 아니지만, 우선 공통의 언어인 '실천'의 언어를 갖는 것이 중요하다.

그런 '실천 현장이 없다'는 상담을 자주 받는다. 자원봉사자로라면 지역에는 많은 기회가 있다. 급여나 직책에 연연하지 않는다면 지역마다 다양한 스타일로 학교와 관련된 일이 존재한다.

우선은 배울 수 있는, 공통의 언어를 가진다는 자세로 시작하는 것이 중요하다고 생각한다.

실천할 수 있는 힘을 가진다

학급운영의 어려움, 과로 등 교사의 건강 문제, 왕따나 부등교 등 다양한 문제, 아이들의 다양성, 빈곤 등 가정환경의 변화, 교사의 수 부족, 타 직종과의 연계 등 학교에는 다양한 상황이 존재한다. 한편, 모든 아이들이 다니는 학교에 대해 학교의 플랫폼화 등 학교의 역할에 대한 기대가 커지고 있다.

그런 현장에서 작업치료사가 탄력적으로 대응하는 것도 중요하다고 매일 느끼고 있다. 개별 방문지원의 역할로 시작한 유이마와루도 최근에는 실천을 통해 '작업치료사란 어떤 사람인가'를 전달하고, 교사들과 함께 학급운영을 고민하며 도움을 제공하는 데 이르렀다.

아직 작업치료사의 직역에 대해 학교의 도입이 명확하지 않은 지금, 언제 어떤 형태로든 대응할 수 있도록 복지서비스의 형태로 들어가면서 현장의 요구에 최대한 부응하고, 작업치료사가 기여할 수 있는 부분을 계속 배우려고 노력하고 있다.

그래서 의뢰가 들어오면 일단 거절하지 않고, 할 수 있는 일이라면 가능한 한 최선을 다하려고 노력한다. 처음부터 다양한 상황과 요구에 대응할 수 있게 된 것은 아니다. 그런 본업 외의 필요에 대한 대응으로 성장해왔기 때문이다.

연수회도 마찬가지인데, 2017, 2018학년도에 의뢰받은 교내 연수나 교육관계자 연수는 총 46회였다. 내용도 아이들의 이해, 학급운영, 포용적 교육 등 다양했다. 대상도 교육관계자, 학부모, 최근에는 아동이 대상이 되기도 했다.

아동 대상 연수에서는 '서로 다양성을 알고 학급 친구로서 내가 할 수 있는 일을 생각해보자'라는 수업을 학교 전체 300명이 넘는 전 학년 학생과 학부모를 대상으로 체육관에서 강연하는 방식으로 진행했다.

강사로서 전달하는 기술도 연습이 필요하다. 처음에는 시간을 초과하거나 내용이 기대에 미치지 못하는 결과도 있었다. 하지만 실패할 때마다 전달 방식을 바꾸고, 의뢰인의 요구에 최대한 부응하는 자세를 항상 유지하며 '불가능하다'라고 말하지 않고, 'ㅇㅇ이면 가능할 것 같다'라고 상대에게 맞춰왔다.

최근에는 이해하기 쉽다는 평가를 받는 경우가 많아졌고, 그만큼 의뢰도 다양해져 그때마다 배우는 나날을 보내고 있다.

이처럼 작업치료사가 사회의 요구에 부응할 수 있도록 계속 드러내고 표현하는 것도 중요하다고 생각한다.

키퍼슨(주요 인물) 찾기

새로운 환경에 들어갔을 때, 바로 '이야기를 나누는 상황'이 되지 않는 경우가 있다. 처음 접하는 환경에서는 불안감이 강해 '나중에 검토해보겠다', '상사와 상의해보겠다' 등의 흐름에서 본론을 이야기할 기회로 연결되기 어려울 때도 있다. 특히, 학교나 지자체 등 사회 규모가 커질수록 설명할 기회를 얻기 어려운 경향이 있다.

"누구에게 이야기하면 좋을까?"

"어떻게 연락을 취하면 좋을까?"

자주 듣는 질문이지만, 기회를 만드는 흐름은 그야말로 상황마다, 사례마다 다르기 때문에 딱히 답을 내리기 어려울 것 같다.

그 조직의 주요과의 만남을 중요시한다

첫걸음을 어떻게 내디디면 좋을까? 그러기 위해서는 그 사회에서 키퍼슨, 핵심 인물을 찾는 것이 중요하다고 생각한다. 더 큰 조직에 어떻게 설명해야 할지 고민하기보다 우선 작은 조직에 한 명이라도 관심을 가져줄 사람이 없는지 안테나를 세운다. 처음에는 시작하기가 어렵다가 결국 학급운영까지 함께 고민하는 관계로 발전한 한 초등학교와의 관계 구축 과정을 소개한다.

그 학교는 학교 상담교사의 정기적인 방문도 하고 있었고, 더는 외부 전문가가 들어오는 것은 애초에 예상치 못한 일이었다. 그런데 내 워크숍에 참석한 그 학교의 보건 선생님이 '자기 학교에서도 이런 활동을 해보고 싶다'고 했다.

학교의 상황을 듣고 내가 바로 설명하러 가는 것은 부적절하다고 판단해 이 선생님께 자세히 설명해드렸다. 그 선생님이 학교에서 설명한 후 몇 주 뒤에 학교 설명회까지 이어졌다. 그때는 교장도 교감도 대상 아동의 구체적 이미지가 명확했다.

보건 선생님에게 어떤 식으로 이야기를 진행했는지 물었다. 그러자 교장을 비롯해 총출동해 대응하고 있지만, 잘 진행되지 않는 사례에 대해 '이런 경우는 유이마와루에 상담할 수 있을 것 같다'고 설명했다고 한다. 학교의 진정한 요구를 알고 있는 현장의 보건 선생님이기에 할 수 있는 설명이었다. 정말 감사했다.

이처럼 새로운 환경에 잘 적응하지 못할 때는 현장의 주요 인물을 만나서 잘 이야기하고, 그 사람을 통해 전달되도록 노력하는 것이 중요하다고 생각한다.

그리고 그 주요 인물을 소중히 여기는 것도 중요하다. 그 사람에게는 그 조직을 이어주는 책임이 있다. 교장이나 교감 선생님이 '인연을 맺어서 다행이다!'라고 생각할 수 있도록 진심을 다해 실천하는 것이 주요 인물에 대한 가장 큰 보답이라고 생각한다.

주요 인물의 요구에 부응한다

사회가 커지면 그 사회의 요구도 다양해진다. 초등학교의 경우 고민하는 아이들의 모습이나 보호자와의 관계 형성, 학급운영 등이 될 것이다. 이것이 지자체가 되면 학교생활 외에도 육아지원, 가정환경 등 다양한 요구가 있다.

지금까지는 그 다양한 요구를 모두 정직하게 듣고 마주하며 최대한 대응해왔다. 클라이언트의 요구를 마주하고 대응하는 것이 우리 자신의 역량 강화로 이어지고, 주요 인물들과의 관계 형성으로 이어진다.

유이마와루를 시작한 후 큰 홍보를 하지 않았지만, 10개 지역까지 퍼져 다양한 학교에 들어갈 수 있게 된 것은 이러한 다양한 주요 인물들의 지지가 있었기 때문이다.

칼럼

교실이 한층 더 따뜻한 분위기로

요나미네 타다(하에바루 초등학교 교장)

2017년에 하에바루 초등학교에 부임해 가장 먼저 느낀 것은 아이들의 불안한 모습이었다. 교실에서 아무렇지 않게 나가는 아이, 큰 소리로 떠드는 아이, 걸어 다니는 아이, 제멋대로 말하는 아이 등등.

자세히 관찰해보니 대부분 '문제아'였고, 교사는 그에 대응하는 데 쫓기는 나날을 보내고 있었다. 나는 우루마시 교육위원회와 오키나와현 종합교육센터 지도주사, 외부 강사를 초빙해 강의와 워크숍 등을 교내 연수에 포함시켜 교사의 자질 향상에 힘써왔지만, 단발성 연수로서는 좀처럼 쉽지 않은 상황이었다.

다음 방법을 모색하던 중 우연한 기회에 유이마와루 대표 나카마 치호 선생을 알게 되었다.

한 시간 남짓의 강연을 듣고 감명을 받은 나는 바로 도움을 요청하고 싶다고 제안했지만, 학부모의 동의라는 벽에 부딪혔다. 그래도 어떻든 해보려고 이것저것 고민하고 있을 때, 마침 한 보호자가 학교로 나카마 선생과 함께 자기 아이의 '어려움'을 조금이나마 덜게 도움을 받고 싶다는 요청이 들어왔다. 나는 반가운 마음으로 흔쾌히 승낙했고, 거기서부터 나카마 선생과 하에바루 초등학교의 인연이 시작되었다.

나카마 선생은 해당 아동의 모습을 관찰하면서 학급 분위기도 함께 파악했다. 그리고 그때마다 담임선생님과 이야기를 나누며, 말 걸기나 학급 만들기에 대해 확인하면서 지원을 진행했다. 원래도 다른 아이들이 해당 아동에게 부드럽게 대할 수 있었지만, 나카마 선생의 지원이 있으면서 아이들끼리 서로 지지하는 힘이 더욱 강해져 학급에 따뜻한 분위기가 생겼다는 것을 나와 다른 교사들도 확실히 느낄 수 있었다.

오키나와현 교육위원회의 '학력향상추진 프로젝트'(2008~2019년)는 수업 개선의 6가지 방책을 제시하고 있다. 그중 하나로 '집단 만들기·자발성을 높이는 활동의 충실화'로서, 지지적 풍토[23] 조성과 학생 지도의 포인트를 살린 수업 개선을 추진하고 있다. 이는 모두 학급 내 신뢰 관계와 따뜻한 인간관계를 구축함으로써 더 나은 집단 만들기 및 자율성을 높이는 것으로 이어지고 있다. 이를 위해 교사는 학생 개개인의 장점과 특성을 파악하고, 아이들과 마주하며 학급을 운영하는 것이 중요하다.

앞으로의 학교는 도전과제가 더 많이 늘어날 것으로 예상된다. 다양한 과제에 대응하기 위해 작업치료는 필요한 수단이 될 것이다. 그러나 이를 실현하기 위해서는 보호자의 동의와 의사의 판단이 관건이다. 현재와 같은 개인 계약제도가 아닌 학교의 요청에 따라 배치가 가능해지면 더 많은 학교와 교사가 그 기술을 배우고, 지지적인 풍토를 조성하는 학급운영이 확산될 수 있을 것이다.

미래를 짊어질 아이들에게 '도달하고 싶은 교육'을 실행하기 위해 작업치료가 많은 학교에 전달될 수 있기를 기대한다.

---

23   실패해도 기분 좋게 받아들일 수 있는, 어떤 아이에게나 편안한 환경을 말한다.

학생 지원, 부모 지원, 교사의 의식개혁

마츠오 츠요시(하에바라 초등학교 교감)

내가 나카마 선생을 만난 것은 전임 교육청 평생학습진흥과에서 사회교육 주사로 근무할 때였다. 가정교육 지원사업에서 강사로 활동한 인연으로 이야기를 들을 기회가 있었다.

당시 평생학습진흥과에서는 '학부모 학습동아리'라는 사업을 진행하고 있었는데, 그 리더 양성 과정에서 나카마 선생으로부터 아이에게 접근하는 방법 몇 가지를 소개받았다. '할 수 없는 것'에 초점을 맞추는 것이 아니라 '할 수 있는 것'에 초점을 맞추고, 할 수 있는 것을 늘려가는 것이 부모 지원의 관점이라는 말에 큰 감명을 받았다.

올해 학교 현장으로 돌아와 인연이 닿아 특수아동 이해 연수를 통해 다시 한번 나카마 선생의 이야기를 들을 수 있었다. 올해 교감으로 아이와 부모를 지원할 때, 이 '할 수 있는 것을 늘리는 것'이라는 관점을 중요하게 생각하고 있다.

이는 교사들에게도 마찬가지이다. 학교에는 많은 교사가 있다. 매일의 교육 활동에 각자 최선을 다하고 있는 학교에서도 교사가 '할 수 있는 것'을 늘리려는 의식을 소중히 여기고 싶다.

아이를 중심으로 힘을 끌어내는 스타일이 들어맞는다

오시로 마사노부(미츠와 어린이집 원장)

지금까지는 아이들에게 여러 가지 노력을 기울여왔다. 체조 트레이너, 수영 지도 등 외부 강사를 초빙해 보육을 해왔지만, '이것으로 충분할까?'라는 의문이 항상 남아 있었다. 이런 식으로 어린이집 교사가 제공하는 보육에 아이들을 참여시키는 것이 아니라 '좀 더 아이 중심의 보육을 하고 싶다', '아이 중심의 보육이란 무엇일까?'라고 생각했다.

그리고 제공하는 놀이, 제공하는 활동이 아니라 아이들이 스스로 생각하고 만들어내 '해보자'라고 도전하는 마음에서 출발해서, '아이러면 안 되겠다, 저러면 되겠다' 등 자기 몸과 마주하면서 할 수 있게 되는, 바로 아이들이 주체적으로 놀이를 통해 만들어가는 환경이 중요하다. 미츠와 어린이집에서는 지금 이런 보육에 힘을 쏟고 있다.

유이마와루를 활용하여

지금까지는 검진이나 보육 활동 중에 걱정되는 아이가 있으면 동사무소나 검진 의사에게 상담하는 정도였다. 상담해도 어떻게 하면 좋을지 알 수 없고, 결국 이렇게 해도 되는 건가 하는 보육 생활을 거쳐 초등학교에 간다. 그러다 보니 역시 학교에서 적응하지 못하는 아이들을 보며 이대로는 안 되겠다고 생각했다.

그러던 중 구청에서 모자통학지원사업의 일환으로 진행하는 작업치료사의 어린이집 방문을 소개받았다. 설명에서 첫째, '아이의 문제를 어떻게 할 것인가?'가 아니라 '아이가 가진 힘을 어떻게 끌어낼 것인가?' 하는 관점, 둘째, 아이의 힘을 끌어내는 방법을 생활 속에서 어떻게 하면 좋을지 함께 고민해주는 것, 셋째, 보호자와 관계를 맺어주는 것, 이 3가지를 듣고 '정말 원하던 것이 이거였다!'라고 생각했다.

실제로 역시 가장 큰 영향을 받는 것은 어린이집 교사라고 생각한다. 교사가 아이들을 보는 시야가 넓어지고, 목적의식을 가지고 관계를 맺을 수 있게 되고, 그것이 보호자와의 관계 형성에도 좋은 영향을 주고 있다. 물론 아이들도 변화하지만, 역시 교사의 변화가 크다. 교사가 그 아이를 이해하는 순간 아이들은 저절로 성장할 수 있다.

보호자와의 관계는 정말 어려웠다. 지금까지는 '건강검진 결과가 걱정되네요' 등 보호자 측도 불안해하며 말하는 수밖에 없었다. 하지만 작업치료사의 정보를 통해 아이의 성장을 이끌어내는 방법을 생활 기반으로 보호자에게 이야기할 수 있고, 거기서 더 나아가 어떻게 성장시킬 것인가 하는 형태로 연계를 시작할 수 있다. 거기서부터 시작된 부모들의 표정에서도 그 연계가 얼마나 좋은지 알 수 있다. 지난 번 면담에서도 처음엔 굳은 표정을 짓던 엄마들의 얼굴에 웃음이 가득했다. 웃으며 시작할 수 있다는 것은 정말 중요하다.

어린이집 교사와 부모와의 거리도 가까워진 것 같다. 그냥 문제로만 이야기하면 부모도 더 이상 교사에게 상담할 수 없지만, 생활 속에서 힘을 끌어낼 수 있는 연계가 되면 부모도 가족에 관한 이야기를 교사에게 쉽게 할 수 있을 것 같다.

앞으로 기대하는 것

유이마와루를 만난 것은 마침 아이 중심의 보육을 하고 싶다고 생각하던 시기였다. 제공하는 지원이 아닌, 아이를 중심으로 힘을 끌어내기 위해 만들어가는 관계라는 유이마와루의 방식은 지금의 미츠와 어린이집에 잘 들어맞는다고 생각한다.

보육교사는 경험이나 발달연령적인 면을 고려해 이런 것이 좋지 않을까 하고 아이들의 놀이와 활동 환경을 만들어나간다. 작업치료사는 그 활동이 이 아이에게 어떤 점이 좋은지, 운동이나 사고력, 감정 조절 등의 측면에서 풀어준다. 이를 통해 보육교사는 자신이 하고 있는 일을 제대로 설명할 수 있는 상태로 보육할 수 있게 된다.

앞으로 보육과 놀이를 보육교사와 작업치료사가 함께 고민할 수 있으면 좋겠다.

Part 7

학교 방문 시스템과
작업치료 인재 확보

산학관민 연계에 의한 인재양성 프로그램 시도

미야사토 다이하치(국립대학법인 류큐대학 지역연계추진기구 특명부교수)

산학관민 연계에 의한 인재육성 프로그램 구축

류큐대학에서는 지역과의 공생 · 협력을 통해 '지역과 함께 풍요로운 미래 사회를 디자인하는 대학'을 목표로 하고, 태평양 도서지역을 포함한 지역의 자원을 활용하여 지역 만들기를 지원하는 '아시아 · 태평양 지역의 활성화에 기여하는 핵심적인 교육 연구 거점'을 목표로 하는 비전이 있다.

이는 류큐대학이 전후 고등교육기관 설치를 바라는 현민운동에 의해 설립에 이르게 된 점과 1950년 개교 후 18년간 미국령인 미시간주립대학에서 파견된 교직원들의 지도를 통해 뿌리내린 '연구성과를 지역에 환원하고 보급하며, 지역에 공헌하는 대학'이 되겠다는 정신이 지금까지도 계승되기 때문이다.

또한, 류큐대학은 오키나와현의 유일한 종합대학으로서 오키나와현의 다양한 인재양성과 과학기술 진흥에 기여해야 할 책무가 있다. 이는 오키나와 진흥을 위한 '오키나와 21세기 비전 기본계획(2012년 수립)'에서도 '본현 유일의 종합대학인 류큐대학에서는 교육연구시설 및 지역공헌 거점시설 등의 정비 충실을 도모하여 인재육성, 연구기능 및 지역공헌 활동의 강화를 촉진한다'고 명시되어 있다.

이러한 배경을 바탕으로, 류큐대학이 설정한 비전 달성을 위해 주로 사회 공헌의 관점에서 제3기 중기 목표 기간 동안 지역 활성화의 거점이 될 수 있도록 현내 기업, 경제단체, 오키나와현, 내각부 오키나와 종합사무국 등으로 구성된 '오키나와 산학관 협동 인재육성 원탁회의(이하, 원탁회의)'를 활용하여 고도의 지역 인재 양성을 위한 매력적이고 실용적인 프로그램 개발 및 제공 시스템 구축을 목표로 하고 있다.

또한, 도서지역의 지역창생과 지역혁신을 위해 지역사회를 지탱하는 인재 및 지역산업을 담당할 인재의 고도화를 위해 류큐대학에 설치하는 지역연계추진기구가 중심이 되어 대학의 교육연구자원과 산-관-민이 가진 다양한 자원을 활용하여 지역사회의 목소리를 충분히 수렴하면서 산-학-관-민 협업을 통한 실무형 교육프로그램을 개발·제공하는 것을 목표로 하고 있다. 민관협력을 통한 실천형 교육 시스템을 구축하고 있다.

지역 아동을 지원하는 포용적 교육 추진 인재육성 워킹그룹 발족

이러한 가운데 원탁회의 산하에 '지역 아동을 지원하는 포용적 교육 추진 인재육성 워킹그룹'(좌장: 혼무라 신 류큐대학 인문사회학부 교수)을 2017년 12월에 발족했다. 이후 4차례의 워킹그룹을 개최하여 2018년 8월에 '지역 아동을 지원하는 포용적 교육 추진 인재육성 프로그램 킥오프 포럼'을 개최했다.

이 포럼에서는 아동상담지원센터 유이마와루의 나카마 치호 대표가 '아동 빈곤을 위한 학교와 복지의 연계에 대해 도달하고 싶은 교육은 무엇인가요? ~인클루시브 교육 추진을 위한 작업치료사 양성을 위해~'라는 주제로 기조연설을 했다.

유이마와루는 2016년부터 현내 10개 시정촌 초등학교 등에서 100명 이상의 아동을 지원한 사례를 보고하고, 교실이나 학교에서의 문제 행동 그 자체를 해결하려고 하는 것이 아니라, 학교-가정-서포터즈 등 다양한 이해관계자가 '아이들이 무엇을 할 수 있게 되기를 바라는가? 어떤 교육을 하고 싶은지가 중요하다'라고 하는 강연이었다.

패널 토론에는 나카마 대표 외에도 워킹그룹장인 류큐대학 혼무라 신 교수, 하에바루 아동과 마에시로 미츠이 과장, 우루마시립 미나미하라 초등학교의 요나미네 타다시 교장이 연단에 올랐으며, 사회는 내가 맡았다.

요나미네 교장은 '아이들에게 변화가 일어나 3개월 만에 학급 전체가 안정되었다'고 효과를 강조하며, 외부 서포터뿐만 아니라 교직원들이 작업치료 기술을 가져야 하며, 이를 위해 자발적인 연수를 실시하고 있다는 이야기를 해주었다.

또한, 하에바루에서는 작업치료사와 연계한 지원을 하고 있으며, 마에시로 과장은 "하에바루를 모델로 현내의 많은 지자체에 확산하기 위해 인재육성 시스템을 구축할 필요가 있다"라고 말했다.

지역 아동을 지원하는 포용적 교육 추진 인재육성 프로그램 등의 실시

2018년 9월부터 류큐대학에서 개발한 3개의 인재육성 프로그램 '지역아동종합지원 기초강좌(1회부터 5회)', '지역아동종합지원자 양성강좌(1회부터 10회)', '지역아동을 지원하는 포용적 교육추진 인재육성 프로그램(1회부터 15회)'을 실시하고 있다.

강좌의 목적은 지역사회의 요구에 부응하고 작업치료의 관점을 활용하여 기여할 수 있는 기술인력을 양성하는 것이다. 현재 지역에서는 다양성이 풍부한 아동에 대한 다양한 대응이 요구되고 있지만, 현장에서는 아동뿐만 아니라 아동을 둘러싼 양육자 및 환경과의 관계에서도 많은 과제가 있다. 아이들의 지역생활 지원 및 학교생활 지원에 필요한 지식과 기술을 배움으로써 학교와 가정, 전문가가 안심하고 팀을 구성할 수 있도록 하는 것이 중요한 과제라고 생각한다.

강좌에서는 아이들의 잠재력을 끌어내는 지역생활 지원에 필요한 지식과 기술을 배울 수 있으며, 첫 1회부터 5회까지는 작업치료사 외에도 아동 지원을 시작하고자 하는 사람들도 수강할 수 있다. 첫 기초 강좌 5회기는 구체적으로 '학교에 대하여', '아동을 둘러싼 지역자원', '아동의 발달에 대하여', '아동의 생활과 사회문제' 등을 배울 수 있는 내용으로 구성되어 있다.

두 번째 양성강좌는 1회부터 10회까지 진행되며 '지역아동종합지원 가 양성강좌' 수강생들은 강의를 통해 작업치료사가 가진 지식과 기술을 학교 현장에서 어떻게 활용하는지 배우고, 아동을 둘러싼 환경 과 지원자 네트워크를 구축하는 것을 목표로 하고 있다. 학교 현장 및 행정 담당자, NPO 등의 경험과 지식이 있는 분들을 대상으로 한다.

총 15회 강좌인 '지역사회 아동을 지원하는 포용적 교육 추진 인재 육성 프로그램' 수강생에게는 강의를 통해 아동 그리고 작업치료사의 미래에 대한 기대감을 가지고 앞으로도 필요한 지식과 기술에 대해 능 동적으로 배우고, 많은 사람과 소통하며, 적극적으로 지역사회의 요구 에 부응하고 기여할 수 있는 전문가가 될 수 있기를 기대한다. 본 강좌 는 작업치료 자격소지자를 대상으로 한다.

작업치료(유이마와루)에 기대하는 것

류큐대학에서는 2017년도부터 오키나와 산학관 협동 인재육성 원 탁회의의 협력하에 장애아 지원 작업치료사 육성 분야의 '지역 아동을 지원하는 포용적 교육 인재육성 워킹그룹'을 발족하고, 지역창생과 지

강좌 내용 일람

프로그램		
실시일	시간	강좌 내용
2018.9.1(토)	13:00~14:30	제1회 학교 교육의 시스템에 대하여 – 아라사키 마에코(우라소에시 특수지원교육 코디네이터, 전 오키나와현립 특수지원학교 교장)
2018.9.1(토)	14:40~16:10	제2회 오키나와현 아동빈곤대책계획에 대하여 – 키샤바 켄타(오키나와현 아동생활복지부 아동미래정책과 과장)
2018.9.15(토)	13:00~14:30	제3회 아동의 생활과 사회문제 ① (은둔형 외톨이, 청소년 지원) – 모로모모 타카시(인증 NPO 법인 사학원 스콜라 이마진 오키나와교 교장)
2018.9.15(토)	14:40~16:10	제4회 아동의 생활과 사회문제 ② (부등교, 아동의 고립 대책) – 마에시로 미츠루(하에바라 아동과)
2018.10.6(토)	13:00~14:30	제5회 아동의 생활과 사회문제 ③ (학대·보호시설·복지·빈곤대책) – 모토무라 마코토(류큐대학 법문학부 교수)
2018.11.23(금)	13:00~14:30	제6회 컨설팅에 필요한 이론 ① – 토모리 코노스케(도쿄공과대학 작업치료사)
2018.11.23(금)	14:40~16:10	제7회 작업치료의 기초 이론 ① – 사이토 유우키(센다이 아오바학원 단기대학 부교수 작업치료사)
2018.11.24(토)	13:00~14:30	제8회 작업치료의 기초 이론 ② – 사이토 유우키(센다이 아오바학원 단기대학 부교수 작업치료사)
2018.11.24(토)	14:40~16:10	제9회 컨설팅에 필요한 이론 ② – 지나 타카시(오키나와국제대학 인간복지학과 부교수, NPO 법인 페어서포트 이사장)
2018.12.2(일)	13:00~14:30	제10회 감각통합이론 – 타카하타 슈헤이(하쿠호 단기대학)
2018.12.2(일)	14:40~16:10	제11회 감각통합의 평가와 실천 – 타카하타 슈헤이(하쿠호 단기대학)
2018.12.8(토)	13:00~14:30	제12회 학교의 작업치료란 – 나카마 치호(아동상담지원센터 유이마와루)
2018.12.8(토)	14:40~16:10	제13회 협력관계의 구축에 중요한 인터뷰 기술 – 나카마 치호(아동상담지원센터 유이마와루)
2018.12.15(토)	13:00~14:30	제14회 작업수행평가와 정보제공 – 나카마 치호(아동상담지원센터 유이마와루)
2018.12.15(토)	14:40~16:10	제15회 사례를 통해 생각해보기 – 나카마 치호(아동상담지원센터 유이마와루)

역혁신 추진에 기여하는 인재육성을 목표로 하고 있다.

이번에 국내 최초로 '지역 아동을 지원하는 포용적 교육 추진 인재육성 프로그램'의 공개강좌를 9월부터 앞두고 유이마와루 나카마 치호 대표에게 오키나와현 내외의 강사 섭외와 관계 기관과의 조정을 적극적으로 부탁했다.

오키나와에서는 2015년도 오키나와현이 발표한 아동 빈곤율이 20.9%로 전국의 2배에 달하며, 부등교 학생의 비율도 전국에 비해 높아 학교와 복지가 연계하여 대책을 추진할 필요가 있다.

류큐대학이 사무국으로서 개최하고 있는 강좌는 2016년부터 실적이 나오기 시작한 나카마 대표의 아동 지원 방법에 대해 오키나와현 작업치료사협회와 류큐대학이 검토를 거듭하여 강좌를 개설하게 되었다. 강좌의 목적은 지역사회의 요구에 부응하고 작업치료의 관점을 살린 아동 지원자를 육성하는 것이다.

이번 활동은 작업치료사, 학교관계자, 행정관계자, 학계 관계자들로부터 이 혁신적인 아동지원에 대한 노력이며, 각종 인재육성 프로그램을 일본 내에서도 선진적인 활동으로 지속적으로 실시하기 위해서라도 유이마와루의 활동을 오키나와현 전역으로 확대하여 전국적인 롤모델로 제공될 수 있기를 기대한다.

그리고 언젠가는 반드시 '장애라는 단어가 없는 학교를 만들고 싶다'는 비전을 실현해나가겠다.

작업치료사에 의한
학교에서의 지원과 다직종 연계

혼무라 마사오(국립대학법인 류큐대학 인문사회학부 인간사회학과 교수)

유이마와루 나카마 치호 대표가 실천하는 학교에서의 작업치료의 관점 · 기술이 구체적으로 어떻게 활용될 수 있는지를 배울 기회를 얻었기에, 그때 느낀 매력 등을 이하에서 보고하고자 한다.

나와 나카마 치호 대표의 만남은 류큐대학 내에서 지역 과제 해결을 위한 인재육성을 도모하는 사업에서 이루어졌다. 이미 오키나와현 내에서 실적을 쌓아가고 있는 실천 보고를 듣고, 꼭 그 실천을 내가 학교 카운슬러로서 관여하고 있는 현장에서도 실시하면 좋겠다는 생각을 강하게 했다.

류큐대학에서는 지역 금융기관과 연계하여 지역 수요 등의 해결을 통한 지역공헌을 도모하는 '산학관금공동연구창업지원사업'이 실시되고 있다. 나는 채택된 '도서지역 아동 · 학생의 자기긍정감 향상을 위한 연계체제 구축'의 일환으로 나카마 대표의 학교 지원을 직접 배울 기회를 얻었다. 실제로 나카마 대표의 학교에서의 실천을 접한 경험을 통해 학교 지원에서 매우 효과적이라고 느낀 점이 몇 가지 있다.

공감대가 형성되는 관찰의 세심함

먼저, 아이들의 현재 상황에 대한 세심한 관찰과 그러한 관찰이 지원자의 공감 능력 향상으로 이어지는 효과이다.

어떤 경우, 유치원 재원생과 초등학교 저학년 아동을 지원했는데, 각 아동이 보이는 과제, 예를 들어 집단활동에 적용하기 위한 과제(집단활동 시간에 계속 혼자만 놀고 있음)나 수업 중 집중력에 대한 과제(수업이 시작되고 얼마 지나지 않아 자세가 흐트러져 집중하지 못함), 또는 다른 아이들과 의사소통을 하기 위한 과제(아이들과 어울리지 못하고 고립되기 쉬움)에 대해 각각에 해당하는 수행에 필요한 신체 발달에 대한 작업치료 분야의 지식을 바탕으로 각 아동의 현재 신체적 특성과의 연관성을 지을 수 있었다.

이러한 작업치료 지식에 의한 이해를 바탕으로 아이들의 모습을 다시 한번 관찰하니, 아이들 한 명 한 명에게 더 가까이 다가갈 수 있는 감각이 생겼다고 느꼈다.

예를 들어, 집단활동을 해야 하는 상황이 되면 갑자기 크게 행동하기 시작하는 아이의 행동을 '흥분한다'라고만 보지 않고, 아이는 '해야 한다'고 규칙으로는 알고 있지만, 몸의 움직임이 집단활동에서 다른 아이들만큼 발달되지 않은 부분을 발견할 수 있었다. 아이는 이미 지금까지 모둠활동에서 실패를 많이 경험했고, 그 경험 때문에 '할 수 없을 거야', '안 될지도 몰라'라고 미리 불안해하면서 회피해서 혼자 놀게 되는 것이라는 설명을 들을 수 있었다.

그 아이를 보며 사실은 규칙을 지키며 교사나 친구들과 함께하고 싶다는 아이의 바람은 있지만 자기는 할 수 없고, 그래서 실패하는 것이 싫다는 불안과 슬픔이 느껴졌다. 작업치료적 이해를 통한 설명이 없었다면 '가정에서 스트레스를 풀어주는 놀이를 더 해줘야 하는 건가?', '교사에게 주목받고 싶어서 일부러 튀는 행동을 하는 건가?'와 같은 실제 초점이 어긋난 시선으로 바라보게 되고, 그것이 비판적인 태도로 이어져 아이에게 다가가는 데 방해가 되었을지도 모른다.

관점을 전환하는 데도 효과적인 '도달하고 싶은 교육'

두 번째로 효과적이라고 느낀 점은 담당 교사[24]가 학생에게 '도달하고 싶은 교육이 무엇인가'에 항상 초점을 맞추는 자세의 효과성이다.

교사들의 업무상 사정으로 인해 처음에는 아이들의 모습을 관찰한 후 교사들과 정보 공유의 시간을 갖는 경우도 있었다. 관찰을 통해 이미 어느 정도 전문적인 판단이 내려져 있더라도, 나카마 대표의 팀들

---

24 담임교사, 특수교사, 특정 시간의 담당 교사 등 다양한 시간과 상황에서 학생에 대해 담당하는 교사_옮긴이

은 담당 교사가 전달하고 싶은 주제부터 이야기를 듣기 시작했다. 그런 다음에 '그 아이에게 도달하고 싶은 교육이 무엇인가?'를 묻고, 그것이 수업에서 실현되기 위해 그 아이가 갖춰야 할 역할 등을 확인하는 대화가 차근히 이루어졌다.

담당 교사의 '도달하고 싶은 교육'이 명확해진 단계에서 작업치료적 관점에서 아이의 신체적 특성과 그에 따른 현재 행동의 특징 그리고 앞으로의 지원에 있어서 장점이 되는 '잘하고 있는 것'에 대한 설명이 이루어졌다.

일반적인 학교 현장의 상담 활동, 예를 들어 학교 카운슬러와 교사와의 대화에서도 담당 교사가 전달하고자 하는 주제에 대해 먼저 이야기를 듣기 시작하는 경우가 있다고 생각한다. 그런 대화에서는 교사들이 문제라고 생각하는 상황과 그 해결을 위해 교사들이 지금까지 노력해온 고민과 어려움에 대해서도 많이 이야기한다.

이렇게 이야기를 나누며 이해받았다고 느끼면서 안도감을 얻기도 하고, 그렇게 마음의 여유가 생기면서 아이의 좋은 변화나 앞으로의 대응을 위한 새로운 아이디어가 생겨서 구체적인 단계로 연결되기도 한다. 또는 학교 카운슬러의 과거 경험에서 나온 조언이 담당 교사의 상황에 잘 맞는 경우도 있을 수 있다.

작업치료의 지식·기술을 바탕으로 한 나카마 대표의 대화가 가져오는 효과가 일반적인 학교 상담이나 카운슬러를 통한 효과와 다른 점은 담당 교사의 '도달하고 싶은 교육'이라는 개별 상황에 맞는 맞춤형 컨설팅이 될 수 있다는 점이다. "그 아이에게 도달하고 싶은 교육은 무엇인가요?"라는 질문 자체가 다양한 업무에 쫓겨 여유를 잃기 쉬운 데다, 여러 명의 학생이 있는 교사들에게 '문제'에서 관점을 전환하는 데 도움이 될 수 있을 것 같다.

그리고 작업치료는 사람의 역할 수행을 위한 작업 단계와, 이에 필요한 인체운동, 기술과 관련된 방대한 전문지식을 바탕으로 한다. 이를 바탕으로 이뤄지는 '도달하고 싶은 교육' 실현을 향해 작은 단계부터 지원하자는 제안은 큰 거부감 없이 실현 가능한 지원으로 긍정적으로 받아들여져 담당 교사들의 동기부여를 높일 수 있다고 느꼈다.

학교사회복지사 등과의 연계의 유효성

또한, 여기서 언급한 지식·기술은 학교 카운슬러나 학교사회복지사와 연계한 지원에서도 유효하다고 느꼈다.

학교 카운슬러의 지원에서는 각종 심리검사 결과와 과거 성장 과정이나 가족관계 등에 관한 이야기를 통해 얻은 정보, 때에 따라서는 관련 트라우마 기억에 대한 지식 등을 활용하여 판단을 내린다. 학교사회복지사는 친척을 포함한 가족관계, 이웃과의 관계 등 사회적 관계에 대해 각계에서 얻을 수 있는 정보와 활용할 수 있는 사회자원의 정보를 함께 판단하여 향후 계획 수립에 임한다.

각각의 전문성을 살린 지식이 좋은 변화로 이어지는 경우가 많다고 생각하며, 물론 각 전문성의 강점도 있다. 동시에 그러한 정보들은 아이들과 교사들이 활동하는 학교 현장, 바로 '지금, 여기'에서 일어나는 실제 상황과는 차이가 있는 측면이 있다.

아이들이 다양한 경험을 쌓는 학교라는 공간에서 아이들이 보여주는 현실적인 반응 중 하나로 몸이 보여주는 '지금, 여기'의 정보, 아이들의 교육을 가장 가까운 곳에서 지원하려고 애쓰는 교사들의 '지금, 여기'의 정보(지금, 이 아이에게 도달하고 싶은 교육), 이러한 정보와 각각의 전문성에 따라 유효하다고 판단되는 정보를 중첩시키는 과정에서, 자칫 잘못하면 앞서 말한 것처럼 지원자가 비평가처럼 변질되어 아이들과 교사들에게 다가서지 못하는 안타까운 상황으로 이어지는 경우도 실감했다.

우리는 모두 각자 태어날 때부터 잘하는 것도 있고 못 하는 것도 있다. 나이에 따른 변화도 사람마다 다르다. 지원자의 역할 혹은 그 외의 일상적인 역할을 수행하는 데도 자신의 신체적 특성이나 개성을 활용하고 때로는 그것과 투쟁하고 있음을 스스로 깨닫게 된 것도 성장 과정에 있는 아이들에 대한 지원을 크게 넓힐 수 있는 계기가 되었다고 생각한다.

Theme 3

장애 아동과 가족 그리고
학교 교사를 더욱 활기차게

마에시로 미츠오(오키나와현 미나미후라노마치 민생부 아동과 과장)

고민을 희망으로 바꾸는 작업치료

일본 지자체 민생부 담당 공무원이라면 전국 어디건 발달장애를 고민하는 사람들로부터 상담 요청을 받고 있을 것이다. 상담을 요청하는 대부분은 보호자나 보육사, 교사 등 지원이 필요한 아동과 관련된 사람들이다. 상담 중에는 전문의에게 진단받은 아이 외에도 어떤 사정으로 전문의에게 진찰받지 못한 아이도 일정 수 있다. 애초에 지원 방법이 매우 다양하고, 납득할 만한 지원 방법을 찾지 못해 매일 고뇌하며 대응하고 있는 것이 현실일 것이다.

나도 현재 아동과에 온 지 5년째인데, 3년 차까지만 해도 지원 방법을 많이 고민했다. 내 고민은 다음과 같았다.

'보조원 배치나 특수학급에서의 지원으로 괜찮을까?'

'이 지원, 의무교육이 끝나면 어떻게 될까?'

'애초에 수업 시간에 친구들과 함께할 수 없을까?'

하지만 2016년 11월, 특별한 기술을 가진 작업치료사(OT)를 만나고 나서부터 고민은 희망으로 바뀌었다.

나는 그동안 OT라고 하면 노인 시설에서 재활치료 등을 지원하는 사람이라고 생각했다. 그래서 아동을 지원하는 OT가 있다는 것을 알고 깜짝 놀랐다.

처음 이 정보는 오카야마 현 공무원으로부터 전해들었다. 방과후 돌봄교실에 다니는 아동(발달지원이 필요한 아동)에 대한 OT의 작업치료로 학교돌봄센터 지원인의 시각과 지원 방법이 달라졌다고 한다. 그가 오키나와에도 같은 방식으로 지원하는 OT가 있다고 소개해 준 사람이 나카마 치호 선생이었다.

이후, 나카마 선생을 만나 이야기를 나누고 실제로 하에바루에서 나카마 선생의 노력에 대한 스터디를 몇 차례 진행했다. 그리고 이분의 노력이라면 우리의 고민이 해결될 수 있을 거라고 생각했다.

내가 생각했던 OT의 활용은 오카야마현에서 추진하고 있는 아동방과후 클럽이 아니라 학교였다. 게다가 학급에 들어가서 전체를 지원하는 이미지를 가지고 있었다. 나카마 선생은 내 이미지대로 몇 년 전부터 오키나와 중부지역에서 초등학교 학급에 들어가서 지원을 하고 성과도 내고 있었다.

학교 안에 들어가서 지원한다?!

말로는 쉽지만, 현실은 여러 가지 벽이 있다. 나는 과거에 PTA(부모-

교사회: Parent Teacher Association) 활동을 꾸준히 해왔고, 교육위원회 근무 경험도 있고, 사회교육주사로서 학교와 지역을 연결하는 일을 해왔기 때문에 일반인보다 학교 내부를 더 많이 봐왔다고 생각한다. 전체적으로 본 학교의 고충, 개별 교사의 고충 등 역시 학교 내부에는 여러 가지 사정이 있다. 그 고충을 제대로 받아들이고 일을 진행하지 않으면 협력 같은 것은 있을 수 없다. 나도 과거에 학교 현장과의 관계에서 실패를 경험했기 때문에 대체로, 이것이 될지 안 될지는 어느 정도 본능적으로 안다.

나카마 선생이 현상을 바라보는 시각과 전달 방식, 전달 순서, 전달 타이밍은 정말 훌륭하다고 느꼈다. 게다가 OT로서 전문적이고 정확한 조언을 받을 수 있기 때문에 학교에서 꼭 지원해주면 좋겠다고 생각했다. 앞서 기술한 '어떤 특별한 기술'이란 이렇게 학교와 잘 조율할 수 있는 기술을 말하는 것이다.

아동학교돌봄 센터의 모델 사업에서

이제 OT가 학교 현장에 들어가서 지원 대상 아동과 학급 친구들 그리고 교사를 포함한 학급 전체를 지원하겠다는 뜨거운 마음을 품고 행동으로 옮겼다. 최종 목표는 '장애아동과 가족'이고, '교사를 더 활기차게'이다.

나카마 선생과 만난 후 약 6개월 동안은 나와 내가 속한 민생부 내에서 정보 공유와 OT 활용에 관한 시책을 개발하는 데 시간을 보냈다. 매우 중요한 일이었다.

마침 반년이 지났을 무렵, 유사한 사업을 먼저 진행한 지역인 오카야마현에서 OT 활용을 시작했던 '오카야마현 학생 돌봄 연락협의회' 이토야마 치에이 회장으로부터 '예산이 생겼으니 하에바루에서 OT 활용 실험을 해보지 않겠느냐'는 반가운 소식이 들려왔다.

그 지원을 받아 여름방학을 이용해 마을 내 4개 학교돌봄클럽에서 처음으로 OT를 활용한 모델 사업을 실시했다. 그 결과, 장애아동에 대한 이해와 지원 방법에 대한 새로운 깨달음을 얻을 수 있었고, 지원자의 성장이 성과로 나타났으며, 실제로 현장에서 지원하는 분들로부터 '사물을 보는 눈이 달라졌다'는 생생한 목소리를 들었기 때문에 OT를 활용한 지원이 잘 될 것 같다는 생각이 들었다.

확신이 생긴 나는 다음 단계로 마을교육위원들을 대상으로 OT 활용 설명회를 열었다. 여름방학이 끝난 9월의 일이었다. 그 전 단계로 내가 속한 민생부에서는 OT 활용에 대한 연계가 잘 이루어지고 있었다.

단 1시간 만에 '환한 미소'를 짓게 하다

이어 10월경부터 교육위원회 지도주임, 담당 과장과 회의를 하고 학교에서 OT를 활용하는 것의 의미를 설명했다. 그 회의에서 '교육위원회에서 학교에 제안할 수는 없지만, 어린이과에서 직접 학교에 타진 해보는 것이 어떻겠느냐'는 조언을 듣고 바로 실행에 옮겼다. 마을에 4개의 초등학교가 있는데, OT 활용에 관심을 보이고 행동으로 옮길 수 있을 것 같은 학교가 있어 11월에 교장을 찾아가 상담을 했다. 설명을 마친 후 교장은 "민생에서 학교를 지원해줘서 고맙다. 꼭 부탁한 다"라고 이야기하며 이야기가 급물살을 탔다.

그리고 12월 16일, 그 학교 교사들에게 OT 활용의 의의를 설명했다. 그때 교사들의 '뭔가 빛이 보인다'는 듯한 눈빛을 잊을 수 없다. 담임교사로부터 다음과 같은 소감을 들었다.

"참여한 교사들은 교무실로 돌아가서도 이야기가 끊이지 않았어요. 모든 교사가 즐거웠다고 하더군요. 대단한 일이죠. 매일 고민하고 힘들어하는 마음으로 참여해서 단 1시간의 회의를 통해 '즐겁다'며 환한 미소를 지을 수 있다니, 정말 대단한 일이죠. 작업치료사란 정말 대단하다는 생각이 들었어요. 감사합니다."

이 초등학교에서는 2018년 4월부터 본격적으로 OT를 도입하기 시작했다.

모두가 함께하는 학급으로

OT 지원에 대한 평가는 곧 다른 초등학교에도 전해져 현재 3개 학교로 확대되었다. 하지만 지원할 수 있는 OT의 수가 부족해 인력 부족의 문제가 생겼다. 이 문제가 발생할 것을 알고 있었기 때문에 미야자토 다이하치 씨의 소개로 인력양성 준비를 병행해 2018년 9월부터 교육을 시작했다.

OT의 수업 지원은 평균 9개월이면 끝낼 수 있고, 다음 수업 지원으로 넘어간다. 지원을 받은 학급은 교사와 학급 친구들 모두가 지원이 필요한 아이를 감싸 안는 상태로 나아간다.

이 지원을 5년, 10년 계속하면 포용적인 사회가 만들어지지 않을까 기대한다.

그런 기대감을 갖고 이 사업을 추진해나가고자 한다.

덧붙이는 글 1

교육이 가진 가치와 학교 변화의 시작을 위해

어릴 적 아버지의 고향에 내려가면 늘 혼자 다니던 동네 바보 형이 한 명 있었습니다. 알 수 없는 말을 하고 이해할 수 없는 행동을 하던 그 형이 어디에 사는지, 가족은 누구인지, 친구는 있는지 그때는 조금도 궁금해하지 않았습니다. 그저 안됐다는 마음뿐이었습니다. 학교에서도, 집에서도, 동네에서도 함께 어울려 본 적이 없었으니까요.

교사가 되고 나서 자폐를 가진 아이도, 지적 장애를 가진 아이도, 경계선 지적 장애를 가진 아이도, 지체 장애를 가진 아이도 만났습니다. ADHD를 가진 아이도, 틱(tic)이나 투레트(tourette)를 가진 아이도 만났습니다. 모든 아이와 일 년이란 시간 동안 아침마다 만나고 오후에 헤어지면서 아이들의 일상을 가까이에서 지켜보게 되었습니다. 그렇게 한 해, 두 해 통합교육의 경험이 조금씩 조금씩 쌓여갔습니다.

통합교육 경력이 쌓였다고 통합교육의 전문성이 길러진 건 아니었습니다. 상담을 공부하고, 긍정심리를 전공하면서 학문을 통해 장애(Disability)를 접했을 뿐 실제 교실에서 아이들이 할 수 있는 것이 무엇이고 어떤 지원을 해야 더 많은 아이와 어울리며 배움의 기쁨을 느낄 수 있는지 알 수 없었으니까요. 그저 캄캄한 밤 전등 하나 없는 어두운 밤길을 혼자 걸으며 조심조심 앞으로 나아가는 듯한 느낌으로 하루, 일주일, 한 달 그리고 일 년을 버티고 버텼을 뿐입니다.

특수학급이 없는 학교도 있었고, 특수학급이 있다 해도 특수교사와 어떻게 협조해야 할지 몰랐으며, 특수교사와 협조를 해도 다른 영역의 전문가가 필요하다는 걸 알게 될 때가 많았습니다. 지적장애인지, 난독증인지, 연산 장애인지, 경계선 지능인지, 자폐인지 전문가의 진단이 필요했습니다. 어떤 어려움이 있는지 안다고 해도 어떤 도움을 주어야 하는지를 몰랐습니다. 이 책에서 소개하는 작업치료가 바로 '어떤 도움을 주어야 하는지'를 알려주는 전문 영역이었습니다.

통합학급 담임을 하다 보면 특수교육대상아동을 도움을 주어야 하는 친구로 여기는 아이가 많다는 걸 알게 됩니다. 아닙니다. 동료 교사들 역시 '특수'한 도움을 주어야 하는 아이로 여길 때가 많습니다. 문제는 그 도움이 스스로 살아갈 힘을 길러주는 것이 아니라 더 기대어 살게 할 때가 많다는 점이었습니다. 스스로 해보도록, 스스로 해낼 수 있도록 필요한 도움을 주는 것이 아니라 특수교육대상아동 '대신' 해줄 때가 많았습니다. 결국 아이는 학년이 올라가도 1학년 때와 같은 도움을 주어야 하는 아이에 머물게 되는 거죠.

교실에는 많은 아이가 있습니다. 아이들이 하는 말과 행동을 관찰하다 보면 아이들을 이해하기 어려울 때가 많습니다. 수업 시간에 어려움을 보이는 아이들이 있거나 쉬는 시간에 어려움을 보이는 아이가 있습니다. 무엇이 문제인지 살펴보려 하지만, 해야 할 수업과 업무에 주의를 기울이느라 무엇 때문에 아이를 관찰하려 했는지 잊어버리기 일쑤입니다. 가까이에서 한 명 한 명 관찰하며 필요한 도움이나 지원을 해줄 전문가가 필요하다고 느낄 때가 많습니다.

이 책에는 여러 어려움을 가진 아이들이 소개됩니다. 각각의 아이들이 도움받는 친구에서 도움 주는 친구가 되어갑니다. 아이들이 가진 어려움을 '장애'라는 이름을 붙이고 '치료'해서 '장애'라는 이름을 지우는 것이 아니라 '장애'라는 특성을 살리거나 그 외의 강점을 찾아서 스스로 설 수 있고 타인에게 기여할 수 있도록 돕고 있습니다. 우리는 이것을 성장이라 부르고, 발달이라 말하며, 교육과 양육의 목적이라 이름 붙이는 것이 아닐까 저는 생각합니다.

책에 소개된 아이들의 변화에는 몇 가지 공통점이 있습니다. 바로 아이가 스스로 설 수 있게 도우려는 부모와 담임 그리고 친구들입니다. 아무리 전문성을 가진 작업치료사가 옆에 있다 해도 아이를 도우려는 보호자와 교사 그리고 친구들이 없다면 작업과학이 미치는 효과는 미미합니다.

더구나 이 책은 각 교실에서 학교생활에 어려움을 겪는 아이들만을 위한 책이 아닙니다. 교사는 물론 어려움을 겪는 아이들 주변 친구들에게 교육을 통해 한 사람의 삶이 어떻게 변화하는지 가까이에서 보고 느낄 수 있는 기회를 제공합니다. 그저 좋은 성적을 거두고 좋은 학교에 입학하고 좋은 직장에 취업하는 것보다 어른들이 만든 전문성을 갖춘 학교 시스템 속에서 교육을 받으면 누구와도 함께 어울려 살아갈 수 있다는 경험을 하는 것이 '학교(學校)'라는 이름에 걸맞은 교육일 테니까요.

　더 이상 학생, 학부모, 교사가 각자의 자리에서 홀로 고민하고 노력하고 헌신하며 소진되지 않도록 다양한 분야의 전문가와 함께 협력하며 조기에 아이들에게 필요한 지원을 할 수 있는 학교를 만드는 데 있어서 이 책이 마중물이 되기를 진심으로 기원합니다.

교사 천경호

특별한 경험

초등학교는 다양한 학생들이 교실에 모여 배우고, 생활하는 공간이다. 학급의 학생들은 같은 나이라고는 하지만 발달 수준은 제각각이고, 이전의 경험들도 모두 다르다.

한 교실에 40명이 넘는 학생이 함께 공부하던 시절에 교사들은 교실에서 발생하는 다양한 문제의 가장 큰 원인을 너무 많은 학생 수라고 생각했다. 당연히 학급당 학생 수를 줄이는 것을 학급에서 일어나는 문제 상황을 줄이는 가장 확실한 방법으로 보았다. 요즘 평균 초등학교 한 학급의 학생 수는 그 시기의 절반 정도로 줄었다. 그렇다면 문제도 반으로 줄었을까?

15년 이상 교직에 근무한 교사들의 이야기에 따르면, 학생 수는 줄었으나, 학급의 문제는 오히려 더 늘었다고 한다. 해가 갈수록 학급운영에 어려움을 겪는다는 이야기도 자주 듣는다. 무기력한 아이, 지나치게 충동적인 아이, 친구의 관심만을 바라며 집착하느라 오히려 관계가 엉망이 되어 버린 아이, 수업 시간에 조금도 집중하지 못하는 아이, 가벼운 충고나 조언에도 마음이 상하는 아이……..

발령 후 누구나 좋은 교사가 되기를 꿈꾼다. 효과적인 교수법이나 창의력을 높이는 발문법, 아이들의 활동 및 참여를 늘리는 수업 방법 등을 공부하며 전문성을 가지고 아이들 앞에 서려고 노력한다. 그런 꿈과 노력이 소수 학생의 행동으로 좌절된다고 느낄 때, 교사들은 묻고 싶어진다. "도대체 왜?"

"왜?"

처음엔 해결 방법을 알고 싶은 호기심의 질문이었을 것이다. 주변의 조언도 구해보고, 학생에게 애정을 가지고 시간을 보내보기도 한다. 그런데 이런 노력에도 학생의 행동이 바뀌지 않는다면, 점차 질문의 의미가 달라져 간다.

"왜?"

이번엔 혹시 교사가 모르는 다른 원인이 있는 것은 아닌지 궁금해진다. 다양한 장애에 대한 설명을 찾아보고, 가정 문제는 아닌지 고민도 해보고 상담도 해본다. 다른 아이들보다 더욱더 관심과 애정을 가지고 학생을 대한다. 그럼에도 학생이 달라지지 않는다면 질문의 의미는 다시 달라진다.

"왜?"

원인, 대응 방법 이런 것 말고 학생에게 따지고 싶어진다. 도대체 왜 그렇게 행동하는 건지, 왜 너는 나의 애정에도 변화가 없는 것인지, 왜 너는 우리 반인지…….

이런 생각을 하는 자신을 발견하는 순간, 무력감이 교사를 덮친다. 학생을 원망하고 있는 교사라니, 자신이 겨우 그런 교사라니.

이런 고민 중에 작업치료사와 만나 대화할 수 있었던 것은 여러 우연이 겹쳐 일어난 일이었지만, 내 교사 생활 전반에 변화를 가져 왔다. 똑같은 쉬는 시간, 똑같은 수업 장면을 보았지만, 치료사와 교사는 다른 기준으로 학생을 보고, 다른 말로 학생의 행동을 설명했다.

처음에는 내가 생각하지 못한 부분에 대한 이야기를 들으며 부담도 있었다. 치료사가 말하는 발달, 신경에 관한 이야기가 대부분 맞는 이야기였고, 때로 학생의 행동을 너무 잘 설명해주어 신기하기도 하지만 '교사가 이런 것까지 알아야 하나?' 하는 생각과 외부인에게 평가받는 것 같은 기분에 약간의 반발심도 있었다. '여긴 일대일로 치료받는 치료실이 아니라 교사 한 명이 20명이 넘는 학생과 만나야 하는 교실인데, 저런 설명이 무슨 의미가 있나, 교사가 저기까지 알아야 하나?'라는 의문이 속에서 끊임없이 올라온 것도 사실이다.

그럼에도 우리는 계속 만났고, 이야기를 나눴고, 서로의 언어를 이해하는 시간을 가졌다. 그런 과정이 없었다면 여러 교사가 자원해서 교실을 열고, 치료사들은 자신들의 휴일을 반납해가며 교실을 방문하는 협업이 있을 수 없었을 것이다.

어느 기관이 주도한 것도 아니고, 누가 시켜서 한 일도 아니었지만, 학생들의 행동을 이해하고 싶은 교사들과 치료실에서 만나는 아이의 학교생활이 궁금한 치료사들은 자신들의 불안을 내려놓고 서로의 공간을 열고, 알고 있는 것을 나눌 수 있었다.

전에는 늘 행동에 변화가 없어서, 말을 해도 도무지 그때뿐이라는 생각이 들게 하는 학생을 대하는 것이 무척 어려웠다. 그러나 발달의 대략적인 내용을 이해하게 되자, 학생의 행동이 더 잘 구분되어 보였다. 지지부진한 것처럼 보이지만, 사실은 꾸준히 발전하고 있다는 것을 믿을 수 있게 된 것이다. 그런 믿음이 조바심 나지 않게 했고, 교사가 불안을 내려놓고 자신감 있게 학생을 대하면, 결국은 눈에 띄는 변화를 보게 되는 경우가 아주 많았다.

치호 선생님을 통해 듣게 된 타이라 미즈에 선생님의 이야기는 그래서 힘이 있다.

"교사가 자신 있게 교육할 수 있다면, 장애의 유무와 관계없이 모든 아이는 반드시 건강하게 자랍니다."

하루가 멀다고 소중한 목숨이 시들어가는 무섭고도 슬픈 세상이다. 거대하게 돌아가는 세상의 수레바퀴에 비해 나란 존재는 너무 작아 그 흐름을 감히 바꾸지는 못하고, 그저 깔리지 않기만을 바라며 근근이 피하고만 있는 것 같지만, 그러기에는 어린 학생들을 만나는 교사, 치료사라는 직업의 무게는 결코 가볍지 않다. 우리가 가진 것을 나누는 것이, 그래서 퍼져나간 좋은 생각의 씨앗이 희망을 살리는 작은 몸짓이 되기를 바란다.

교사 최은주